ALEXANDER THE GREAT
by Phil Robins, illustrated by Clive Goddard
Text copyright ⓒ 2005 by Phil Robins
Illustrations copyright ⓒ 2005 by Clive Goddard
All rights reserved.
Korean translation copyright ⓒ 2009 by Gimm-Young Publishers, Inc.
This Korean edition was published by Gimm-Young Publishers, Inc. in 2009
by arrangement with Scholastic Ltd. through EYA(Eric Yang Agency), Seoul.

이 책의 한국어판 저작권은 에릭양 에이전시를 통해 Scholastic Ltd.와 독점 계약한
(주)김영사에 있습니다. 저작권법에 의하여 한국 내에서 보호를 받는 저작물이므로
무단 전재와 복제를 금합니다.

앗, 이렇게 재미있는 사회·역사가!

야심만만 알렉산더

필 로빈스 글 | 클리브 고다드 그림 | 위문숙 옮김

주니어김영사

야심만만 알렉산더

1판 1쇄 인쇄 | 2009. 8. 30.
개정 1판 1쇄 발행 | 2019. 12. 5.

필 로빈스 글 | 클리브 고다드 그림 | 위문숙 옮김

발행처 김영사 | 발행인 고세규
등록번호 제 406-2003-036호 | 등록일자 1979. 5. 17.
주소 경기도 파주시 문발로 197(우10881)
전화 마케팅부 031-955-3100 | 편집부 031-955-3113~20 | 팩스 031-955-3111

값은 표지에 있습니다.
ISBN 978-89-349-9892-1 74080
ISBN 978-89-349-9797-9 (세트)

좋은 독자가 좋은 책을 만듭니다. 김영사는 독자 여러분의 의견에 항상 귀 기울이고 있습니다.
독자의견전화 031-955-3139 | 전자우편 book@gimmyoung.com
홈페이지 www.gimmyoungjr.com | 어린이들의 책놀이터 cafe.naver.com/gimmyoungjr

이 도서의 국립중앙도서관 출판시도서목록(CIP)은 서지정보유통지원시스템
홈페이지(http://seoji.nl.go.kr)와 국가자료공동목록시스템(http://www.nl.go.kr/kolisnet)에서
이용하실 수 있습니다. (CIP제어번호 : CIP2019032376)

어린이제품 안전특별법에 의한 표시사항
제품명 도서 제조년월일 2019년 12월 5일 제조사명 김영사 주소 10881 경기도 파주시 문발로 197
전화번호 031-955-3100 제조국명 대한민국 ⚠주의 책 모서리에 찍히거나 책장에 베이지 않게 조심하세요.

차례

들어가는 말	7
어린 알렉산더	11
학생 알렉산더	22
행복한 가정	33
알렉산더가 장악하다	48
아시아 대원정	62
티끌만 남기고 사라진 티레	79
파라오의 땅	90
바빌론의 강가에서	102
아시아의 지배자	110
설상가상	118
땅끝까지	134
집으로 돌아가다	147
한꺼번에 올린 결혼식	158
알렉산더가 죽은 뒤에	176

들어가는 말

　알렉산더 대왕에 대해서 한두 번쯤 들어 봤겠지? 그런데 제대로 알고 있긴 한 거야? 알렉산더 대왕은 왜 그렇게 유명할까? 역사 곳곳에 이름을 날린 이유가 뭘까?

　세월이 흐르는 동안, 알렉산더를 다룬 책이 하나둘씩 나오더니 금세 산더미처럼 쌓였다. 그러면서 알렉산더의 모험담 중 몇 개는 잔뜩 부풀려져서 신화처럼 사람들 입에 오르내렸다.

심지어 알렉산더가 독수리가 끄는 바구니에 올라탄 채 하늘을 누볐다는 이야기부터 세계 최초로 잠수함에 몸을 싣고 바다를 휘저었다는 소문까지 떠돌았다.

사실, 알렉산더는 초능력자가 아니므로 그런 허무맹랑한 일까지 척척 해냈을 리는 없다. 그럼에도 알렉산더가 실제로 이룬 업적을 보면 누구나 혀를 내두를 정도이다.

알렉산더는 마케도니아(지금의 그리스)의 왕이었다. 그의 명성이 지금까지 자자한 이유는 벌 떼같이 많은 그리스 병사를 몰고 절절 끓는 사막과 살을 에는 추운 산맥을 넘어 그 당시에 세상의 끝이라고 알려진 곳까지 거침없이 나아갔기 때문이다. 발길이 닿는 곳마다 깡그리 정복하면서 말이다. 그 결과 알렉산더는 유럽의 다뉴브 강에서 지금의 파키스탄에 이르는 곳까

지 거대한 제국을 통치하였으니 그 넓이가 무려 320만 km²에 이른다. 더구나 새파랗게 젊은 32살의 나이에 이 모든 일을 이루고 눈을 감았다!

알렉산더가 뛰어난 지휘관이었음은 두말하면 잔소리다. 그 때문에 많은 사람들이 알렉산더를 위대한 인물로 꼽는다. 그러나 그런 평가를 영 못마땅해 하는 사람들도 있다(누가 군대를 몰고 와서 정복해 달라고 부탁했나?). 그들은 알렉산더가 불한당이나 다름없다고 주장한다. 자기 욕심을 채우기 위해 걸핏하면 사람들을 협박하고, 역사에 이름을 남기려고 병사들을 수천 km가 넘는 거리를 끌고 다녔기 때문이다.

물론, 틀린 말은 아니다. 알렉산더가 손가락질을 받아도 마땅한 짓을 종종 저질렀으니 말이다. 바로 이런 일들이다.

- 알렉산더는 물불 못 가리는 성격이었다. 비록 술김이었다고는 하나 아주 친한 친구를 죽이고 말았다.
- 알렉산더는 정신이 말짱할 때도 자신이 거느리고 있는 최고참 장군을 비롯하여 여러 부하들을 죽였다.
- 알렉산더는 반항하는 도시들은 철저히 응징하여 뜨거운 맛을 보여 주었다.
- 알렉산더는 점점 교만해져서 콧대가 하늘을 찌르더니 마침내 자기는 인간이 아니라 신이라고 주장했다!

그렇다고 알렉산더가 고약한 짓만 골라 한 건 아니었다. 알렉산더는 주변의 여러 친구들을 진심으로 아꼈으며(자기가 죽이지 않은 친구들), 상대편 적에게도 친절을 베풀었다(그러니까…… 사형당하지 않은 적들). 사실, 알렉산더가 살던 시대에는 왕이 아무리 잔혹한 짓을 하더라도 그냥 눈감아 주었다.

그렇다면 이 책에서 피비린내 풍기는 학살과 무자비한 폭력만 다루냐고? 천만의 말씀. 알렉산더 대왕의 색다른 이야기들이 여러분을 기다리고 있다. 알렉산더의 학창 시절은 어땠을까? 잠들기 전에 읽던 책은 무엇이지? 그렇게 애지중지하던 말은 어떻게 만났을까? 온갖 시시콜콜한 이야기들이 꼬리에 꼬리를 물고 이어진다. 물론, 알렉산더가 전쟁터에서 이룬 눈부신 업적과 세상 끝자락으로 돌진하며 겪은 기묘한 모험담도 무궁무진하다. 게다가 책 곳곳에서 알렉산더가 어머니에게 보낸 편지와 몰래 써 내려간 비밀 일기까지 슬쩍 엿볼 수 있다.

어린 알렉산더

알렉산더는 기원전 356년 7월에 마케도니아의 수도인 펠라에서 태어났다. 펠라는 그리스 북부의 자그마한 나라로, 알렉산더의 아버지인 필립 왕이 다스리고 있었다.

필립 왕은 성질머리가 고약한 데다가 술고래였으며 포악했다. 그러나 나라를 잘 다스렸고 병사를 지휘하는 통솔력과 전투 능력이 뛰어나 백성들은 그를 믿고 따랐다(필

립 왕은 몸을 사리지 않고 전투에 참여했다가 한쪽 눈을 잃었다).

필립 왕은 부인을 여럿 두었는데(그 당시에는 얼마든지 가능한 일이었다) 알렉산더의 아름다운 어머니인 올림피아스 왕비도 그중 한 명이었다. 올림피아스 왕비는 마케도니아와 맞닿은 에피루스의 공주로 야심이 크고 의지가 강하며 성질이 불같았다. 주변 사람들은 올림피아스와 가까이 하지 않는 편이 좋다고 쑥덕거렸고, 마케도니아 백성들 역시 괴팍하고 별난 올림피아스 왕비를 못마땅하게 여겼다. 올림피아스 왕비는 외국 출신인 데다, 자기가 기르는 뱀들과 요란한 춤을 추는 등 눈에 거슬리는 행동을  일삼았기 때문이다. 필립 왕은 뱀이라면 질색했기에, 왕비의 괴상한 취미는 두 사람의 결혼 생활을 흔들어 놓기에 충분했다. 더욱이 어느 날 아침, 침대에서 눈을 뜬 필립 왕이 바로 옆에서 스르륵 기어가는 뱀을 발견한 이후로 두 사람 사이는 더 벌어졌다.

필립 왕과 올림피아스 왕비는 시도 때도 없이 티격태격 싸웠다. 그렇지만 두 사람 모두 알렉산더를 왕위 후계자로 여겼기에 온갖 정성을 기울였다. 필립 왕은 다른 부인에게서 아리데우스라는 아들을 얻었지만 그 아들은 어리바리 모자란 데가 있었다. 알렉산더는 아리데우스에 비해 나이는 어려도 그야말로 필립 왕의 뒤를 이을 재목이었다. 물론 이런 절호의 기회를 놓칠 올림피아스 왕비가 아니었다(알렉산더에게는 여자 형제가 여럿 있었으나 고대 그리스에서 여자는 왕위를 물려받을 수 없었다).

★ 요건 몰랐을걸: 아리데우스 ★

알렉산더의 이복형 아리데우스는 바보나 다름없었다. 어렸을 때 올림피아스 왕비가 건넨 독약을 받아먹고 바보가 되었다는 소문이 자자했다. 딱 집어 내세울 만한 증거는 없지만 가능성은 충분했다. 올림피아스 왕비는 자신의 아들을 왕으로 만들기 위해서 그 정도쯤이야 눈 하나 깜짝 않고 해치울 사람이었다.

떠오르는 알렉산더

아쉽게도 알렉산더의 어린 시절에 대해서 딱히 밝혀진 것은 없다. 하지만 보나마나 펠라 궁전의 복도나 정원에서 마음껏 뛰어놀았을 것이다. 아울러 레슬링과 격투는 물론이고 승마와 사냥까지 차근차근 익혔던 것 같다(알렉산더는 물이라면 질색할 정도여서 수영 실력은 형편없었으나, 이를 중요하게 생각하지 않았다). 또한 그리스인이 섬기는 신에 대해 귀에 못이 박히도록 듣고 배웠을 것이다.

위대한 시대: 그리스 신

그리스인이 섬기는 신은 여럿이었으며, 신을 모시는 신전이 따로 있었다. 중요하게 손꼽는 열두 신은 그리스의 가장 높은 산인 올림포스에 있다고 믿었다. 그들 중에는 이런 신이 있다.

제우스: 그리스 신 중에서 가장 강력한 최고의 신

포세이돈: 바다의 신인 동시에 지진의 신

아테나: 전쟁의 여신

아폴로: 음악과 예언 외에도 여러 가지 역할을 맡은 신

디오니소스: 포도주와 쾌락의 신

그리스인은 모든 신을 존중하고 숭배했으나 각자 좋아하는 신이 따로 있었다. 그들은 신에게 제사를 지낼 때 동물을 죽여서 뼈와 지방을 바쳤다.

알렉산더는 어머니가 가장 좋아하는 제우스와 디오니소스에 대해 신물이 날 정도로 들었다(올림피아스 왕비는 디오니소스를 경배하는 의미로 자기가 기르는 뱀들과 함께 빙글빙글 춤을 추었다. 그리고 남편에게 잔뜩 뿔이 날 때면 알렉산더에게 진짜 아버지는 필립 왕이 아니라 제우스라고 슬쩍 귀띔하곤 했다!).

알렉산더는 그리스 영웅에 관한 신화와 전설을 자주 들어 줄줄 꿰고 있었다. 아마도 알렉산더가 일기를 썼다면 십중팔구 이런 내용이었겠지.

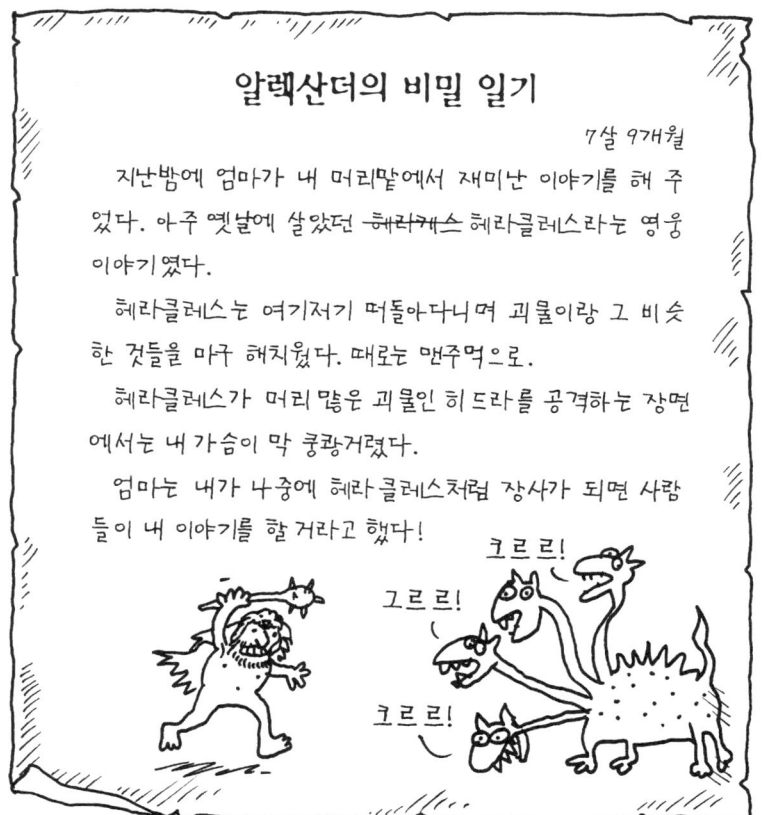

> ## 위대한 시대: 헤라클레스
>
> 헤라클레스는 그리스인이라면 너 나 할 것 없이 흠모하는 영웅이었다. 따라서 그의 모험 이야기는 늘 사람들의 입에 오르내렸다. 헤라클레스는 두려움을 모르는 용사라서 제아무리 어려운 일도 척척 해결했다. 전설에 따르면, 헤라클레스는 죽지 않고 신이 되었다고 한다. 특히 마케도니아에서는 헤라클레스를 왕실의 조상으로 섬길 정도로 그 인기가 하늘을 찔렀다.

떠오르는 세력

알렉산더가 잠자리에서 이야기를 듣고 있을 때, 아버지 필립 왕은 전투마다 승리를 거두었다. 알렉산더가 쑥쑥 자라나고 있을 때, 그리스의 변두리 국가였던 마케도니아는 가장 강력한 고대 국가로 탈바꿈하고 있었다.

그 당시 그리스는 오늘날처럼 단일 국가가 아니라 작은 나라들이 옹기종기 모여 '도시 국가'를 형성하고 있었다.

지난 몇백 년 동안 도시 국가들은 몹시 으스대면서 마케도니아를 드러내 놓고 업신여겼다(마케도니아는 다른 도시 국가보다 크고 펠라라는 수도까지 갖춘 커다란 국가였는데도 말이다). 마케도니아가 형편이 어렵고 힘이 약하기도 했지만 무엇보다 그리스 문명에 이바지하지 못 했다는 것이 이유였다. 그 당시 아테네를 비롯한 여러 도시 국가들은 명성이 자자한 작가, 철학자, 운동선수를 셀 수 없을 만큼 많이 배출했다.

도시 국가들이 목에 뻣뻣이 힘을 준 이유는 단지 그 때문만이 아니었다. 그들은 '민주주의'를 외면하는 마케도니아가 눈

위대한 시대: 도시 국가

한 도시가 국가를 이루는 도시 국가는 각자 정부를 두고 군대를 거느리고 있었다. 가장 유명한 도시 국가로는 아테네를 비롯하여 스파르타와 테베를 꼽을 수 있다. 이들은 서로 으르렁대는 경쟁 상대였기에 각자 그리스의 선두가 되기를 꿈꾸면서 치고 박는 싸움을 일삼았다.

꼴시었던 것이다. 더욱이 '백성이 주인'이라는 민주주의를 최초로 이뤄 낸 아테네는 자부심이 대단했다. 왕 한 사람이 지배하던 방식에서 벗어나 투표라는 제도를 통해 좀 더 공정한 결정을 내렸기 때문이다(여자와 노예는 투표권이 없었으므로 완전하게 공정한 건 아니었다). 민주주의는 삽시간에 다른 도시 국가로 퍼져 나갔다. 그러나 마케도니아는 케케묵은 군주 정치를 고집했다. 그러자 아테네는 물론이고 그리스 곳곳에서 마케도니아를 아주 덜떨어진 후진국으로 몰아세웠다.

더구나 마케도니아인은 다른 지역의 그리스인이 못 알아들을 만큼 북부 사투리가 심했고, 건들건들 버릇이 없었으며, 술만 마셨다 하면 고주망태가 되기 일쑤였다. 그래서 남부 그리스에서는 마케도니아인을 그리스인보다 무식한 미개인으로 취급했다.

그러나 필립 왕이 통치하면서 서서히 변화의 바람이 불기 시작했다. 그는 그리스 도시 국가 사이의 경쟁 심리를 교묘히 이용하여 마케도니아를 막강하고 영향력 있는 국가로 바꿔 놓았다. 그리고 주변의 민주주의 국가들이 빈정거리건 말건 마케도니아를 제 마음껏 다스렸다.

필립 왕이 막무가내로 밀어붙인 마케도니아는 병력이 날이 갈수록 강해지더니 드디어 가장 무시무시한 전투 부대를 갖추게 되었다. 필립 왕은 능숙한 정치력과 강력한 왕권을 발휘하여 마케도니아를 그리스의 '초강대국'으로 만들었다.

알렉산더가 큰일을 해내다

세월이 흐르면서 마케도니아만 주목을 받은 건 아니었다. 또래보다 몸집이 작고 솜털도 가시지 않은 12살의 알렉산더가 대담한 행동을 해서 사람들의 혀를 내두르게 한 사건이 있었다.

1. 어느 날 필립 왕은 알렉산더를 말 시장으로 데려갔다.

*화폐의 단위 – 옮긴이

2. 말이 마음에 든 필립 왕은 말에게 다가갔으나, 말은 앞다리를 치켜들며 버둥거렸다.

3. 그러나 알렉산더는 왠지 그 말에 자꾸만 끌렸다.

4. 알렉산더는 말을 해가 떠 있는 쪽으로 돌렸다. 말은 자기 그림자가 보이지 않자 이내 흥분을 가라앉혔다.

5. 알렉산더는 말 등에 망토를 얹고 훌쩍 뛰어올랐다. 이어서 알렉산더와 말은 순식간에 평야를 가로질러 갔다.

6. 몇 분 뒤에 알렉산더는 능숙하게 말을 끌고 돌아왔다.

아들이 몹시 대견스러웠던 필립 왕은 그 말을 선물로 주었다. 말에는 말 장수가 찍어 놓은 황소 낙인이 있어서 알렉산더는 말을 부케팔라스(황소의 머리)라고 불렀다. 알렉산더와 부케팔라스는 금세 떼려야 뗄 수 없는 단짝이 되었고 온갖 전쟁터를 누비며 별별 우여곡절을 함께 겪었다.

학생 알렉산더

　필립 왕은 군대를 끌고 전투를 벌이거나 멀리 떨어진 곳에서 담판을 짓느라 눈코 뜰 새 없이 바빴다. 따라서 필립 왕이 펠라에 머무는 날은 손가락으로 꼽을 정도였다. 그러다 보니 알렉산더는 아버지를 제대로 못 본 채 어머니의 치마폭에 휩싸여 자라났다. 올림피아스 왕비는 아들을 추켜세우며 무조건 오냐오냐했기에 알렉산더의 버릇은 날이 갈수록 고약해졌다. 그래도 아들의 교육이 걱정되었는지 올림피아스는 가정교사를 두었다.

　알렉산더의 첫 번째 스승인 레오니다스는 체격이 왜소하고 성격이 대꼬챙이처럼 꼬장꼬장했으며 잔소리를 늘 입에 달고 살았다. 레오니다스는 알렉산더를 강하게 단련시키겠다는 생각으로 꼭두새벽부터 달리기를 시켰고 식사를 엄격히 제한했다.
 레오니다스는 혹시라도 올림피아스가 이것저것 몰래 챙겨 주었을까 봐 틈만 나면 알렉산더의 소지품을 뒤지기도 했다!

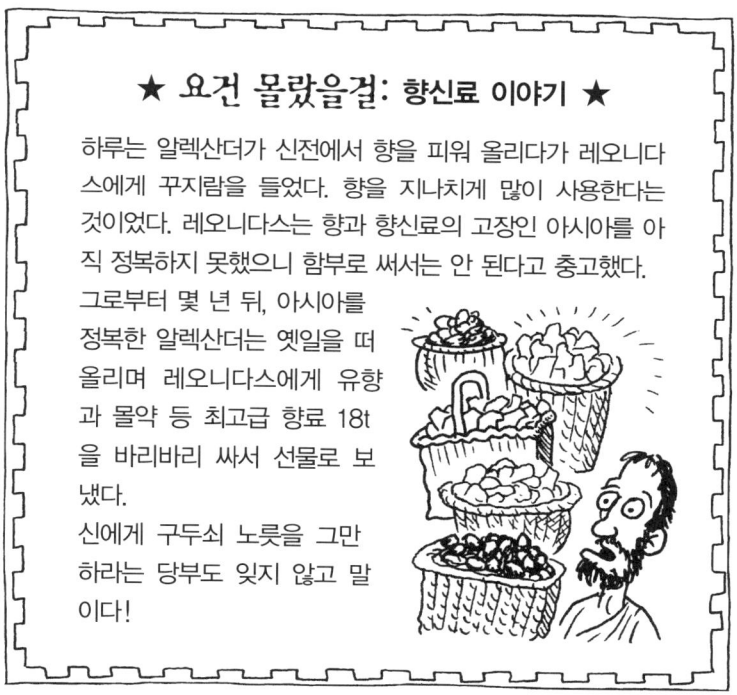

★ 요건 몰랐을걸: 향신료 이야기 ★

하루는 알렉산더가 신전에서 향을 피워 올리다가 레오니다스에게 꾸지람을 들었다. 향을 지나치게 많이 사용한다는 것이었다. 레오니다스는 향과 향신료의 고장인 아시아를 아직 정복하지 못했으니 함부로 써서는 안 된다고 충고했다.

그로부터 몇 년 뒤, 아시아를 정복한 알렉산더는 옛일을 떠올리며 레오니다스에게 유향과 몰약 등 최고급 향료 18t을 바리바리 싸서 선물로 보냈다.

신에게 구두쇠 노릇을 그만 하라는 당부도 잊지 않고 말이다!

 레오니다스의 틀에 꽉 짜인 교육에도 불구하고 알렉산더는 틈틈이 사냥이나 작곡을 즐겼다. 사냥을 나갔다 하면 헤라클레스와 마찬가지로 사냥감을 한두 마리씩 꼬박꼬박 잡아 왔다. 알렉산더는 리라(자그마한 하프처럼 생긴 악기) 연주에도 관심이 많았다. 그렇지만 수영과 마찬가지로 음악에도 소질이 없었다. 올림피아스 왕비는 알렉산더가 리라 수업을 받을 수 있도록 특별히 손을 썼지만 그래봤자 실력은 언제나 제자리걸음이었다.

한번은 알렉산더가 음악 선생님에게 자기의 남다른 연주 방식이 문제가 되냐고 물었다. 선생님은 장래 왕이 될 인물에게는 별일 아니지만 음악가라면 상당히 곤란할 수 있다고 대답했다. 알렉산더에게 음악적인 재능이 없다는 사실을 넌지시 밝힌 셈이다!

수업 시간에 알렉산더는

얼마 지나지 않아 필립 왕은 알렉산더를 부유한 마케도니아의 자제들이 다니는 학교로 멀리 떠나보냈다. 앞으로는 알렉산더의 어설픈 리라 연주가 궁정에 울려 퍼지지 않는다는 뜻이었다. 무엇보다 무조건 싸고도는 올림피아스 왕비의 품에서 알렉산더가 벗어났다는 의미이기도 했다. 필립 왕은 비용이 얼마가 들더라도 아들에게 최상의 교육을 시키기로 마음먹었다.

우선, 아테네에서 나이 지긋한 철학자를 초빙했다. 박식하기로 소문난 아리스토텔레스였다. 아리스토텔레스의 수업 과목은 아주 다양했다. 의학, 자연과학(생물학), 지리학, 정치학, 그리스 문학, 물리학, 천문학, 철학, 수사학(논쟁에서 이기거나 남들 앞에서 멋진 연설을 하려면 어떤 말을 써야 하는지를 배우는 학문) 등 수업을 모두 마친 뒤에야 쉬는 시간이 되었는데, 그나마 아주 짧았다!

해박하기 짝이 없는 아리스토텔레스에게 수업을 받는 일은 만만하지 않았다. 더구나 차분하게 집중하지 못하고 천방지축 뛰어다니던 알렉산더로서는 죽을 맛이었으리라.

알렉산더의 비밀 일기

기원전 343년 여름 (13살)

이제 수업이라는 소리만 들어도 진절머리가 난다. 그래도 가끔 우리끼리 킬킬거릴 때도 있다. 나와 단짝 친구인 헤파이스테이온은 아리스토텔레스 선생님이 잠깐 돌아설 때마다 자리를 슬쩍 바꿔 앉으며 장난을 친다. 도대체 무슨 일인가 싶어서 어리둥절해 하는 선생님의 표정이라니!

늙다리 선생님에게 리라를 빼앗겨서 속상하지만, 선생님의 한마디 말씀은 마음에 와 닿는다. 선생님은 "최고가 되려면 끊임없이 노력하라."는 구절을 하루 한 날 되풀이한다. 최고야말로 내가 가장 원하는 목표다. 그렇다고 학교에서 최고가 될 마음은 없다(그런 건 공부 잘 하는 답답이들에게 어울린다).

난 최고의 왕이 되고 싶을 뿐이다.

어쨌든 알렉산더는 아리스토텔레스의 수업을 통해 지식을 차곡차곡 쌓았고 스승의 사상을 쏙쏙 받아들였다. 한번은 아리스토텔레스의 권유에 못 이겨 다소 지루해 보이는 책을 마지못해 읽은 적이 있었다. 하지만 알렉산더는 그 책을 평생토록 소중히 여겼다.

위대한 시대: 호메로스의 일리아드

일리아드는 그리스에서 가장 유명한 책으로 알렉산더보다 수백 년 전에 살았던 눈먼 시인의 작품이라고 한다. 이 책은 그리스인과 트로이인의 길고도 치열한 전투를 담고 있는데, 그 당시 트로이인은 지금의 터키에 해당하는 소아시아의 트로이에 살고 있었다.

이야기는 트로이의 왕자인 패리스가 그리스의 스파르타 왕인 메넬라우스에게서 아름다운 헬렌을 빼앗으며 시작된다.

복수심에 불탄 그리스 왕들은 거대한 군대를 몰고 트로이로 달려가서 여러 해 동안 트로이 성을 포위했다(포위란 군대가 도시를 둘러싸서 보급로를 차단하는 것이다).

알렉산더는 무인도에 떨어지더라도 이 책만큼은 꼭 챙겨 갔을 것이다. 실제로 알렉산더는 군대를 끌고 아시아로 원정을 갔을 때, 베개 밑에 이 책을 두고 잠들었다.

알렉산더는 자신이 아킬레스나 다름없다고 여기면서 그리스가 무조건 승리할 거라고 장담했다(알렉산더가 이런 생각에 사로잡혔던 것은 또 다른 스승인 리시마코스가 알렉산더를 아킬레스라고 불렀기 때문이다. 그 당시 올림피아스 왕비의 친정 가문은 아킬레스를 조상으로 섬겼다. 따라서 리시마코스는 올림피아스 왕비의 아들 알렉산더야말로 아킬레스의 후손이라고 주장했다. 결국 알렉산더는 두 영웅과 관련이 있는 셈이다).

훗날 알렉산더에게는 모험과 전투가 끊이지 않고 이어졌다. 어쩌면 알렉산더는 아리스토텔레스의 지리 수업을 들으면서, 아킬레스처럼 모험을 누릴 만한 곳을 미리 점찍어 두었는지도 모른다.

지리학 숙제

알렉산더, 13살

페르시아 제국

페르시아 제국은 ~~커대하다~~ 무진장 커다랗다. 그 넓이가 수천km에 이른다.
소아시아의 해안에서 시작하여(바로 우리나라 옆이다) 아시아를 가로질러 멀고도 신비로운 인도에 이르기까지 쫙 뻗어 있다.
뿐만 아니라 이집트 땅도 여기에 속하는데 그곳에는 피라미드가 세워져 있고 미라가 돌아다닌다.
수도는 ~~밥~~바빌론과 파사르가디다.(파사르가데)
단 한 명의 페르시아 대왕이 ~~재버~~지배하고 있다.

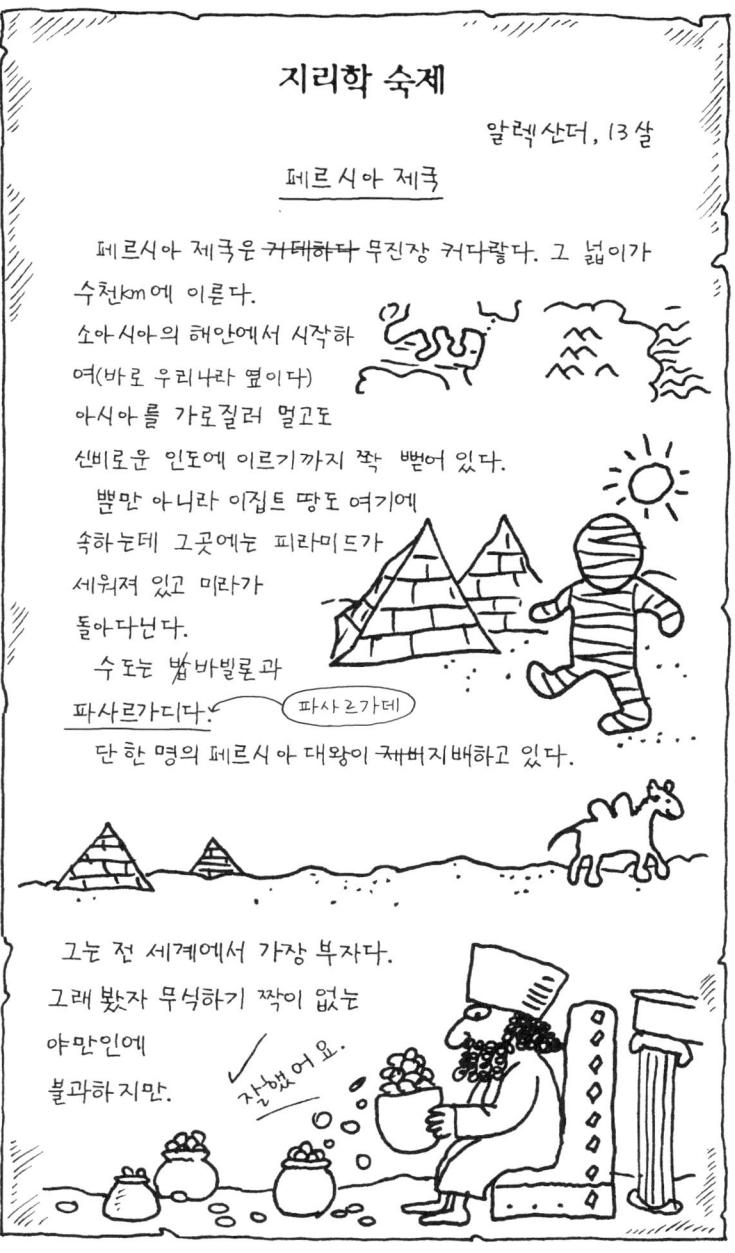

그는 전 세계에서 가장 부자다. 그래 봤자 무식하기 짝이 없는 야만인에 불과하지만.

> ### 위대한 시대: 그리스인 대 바바리안
>
> 그리스인에게 다른 지역 사람들은 모두 '바바리안', 즉 야만인이었다. 원래 바바리안은 '그리스어를 모르는 사람'이라는 뜻이다(그다지 무례한 의미는 아니다). 하지만 그리스인은 자신의 언어가 가장 뛰어나다고 자랑하면서, 그리스어를 사용하는 사람만이 훌륭한 일을 이룰 수 있다고 주장했다. 그들은 그리스인을 한 마리 학처럼 고고한 존재로 여긴 반면 바바리안을 완전히 덜떨어진 인간으로 취급했다.

페르시아 문명은 그리스 문명만큼 역사가 깊으며 경이롭고 신비로운 편이다. 그런데도 그리스 사람들은 전혀 인정하지 않았다. 심지어 최고의 지성인 아리스토텔레스조차 알렉산더에게 구제불능인 페르시아 종족은 우수한 그리스인 앞에 무릎을 꿇고 처음부터 다시 배워야 한다고 강조했다.

> ### 위대한 시대: 그리스인 대 페르시아인
>
> 그리스인이 보기에 자기들은 온갖 장점을 두루 갖추었으나 페르시아인은 단점으로 똘똘 뭉쳐 있었다. 그리스인은 씩씩하고 강인하며 참을성이 많은데, 페르시아인은 어딘가 부족하고 나약하다는 것이다. 그들의 논리에 따르면, 침착하고 논리적인 그리스인과 달리 페르시아인은 혈기만 가득했다. 아리스토텔레스가 강조한 '모든 것에 절제를'이라는 구절에서 알 수 있듯이 그리스인은 음식이나 술을 지나치게 욕심내는 것을 경계했다. 그러니 그리스인이 보기에 페르시아인은 아무 때나 흥분하며 자제할 줄 모르는 민족인 셈이었다.

그리스에서 도끼눈을 뜨고 페르시아를 바라본 이유는 다름 아닌 위협을 느꼈기 때문이다. 당시 페르시아 제국은 그리스와 멀지 않은 곳에 자리 잡은 데다 군대의 규모도 어마어마했다. 게다가 예전에 페르시아의 침입을 받았었는데, 그때의 수치를 도저히 잊을 수 없었다. 알렉산더 역시 그런 사실을 학교에서 배웠을 테니…….

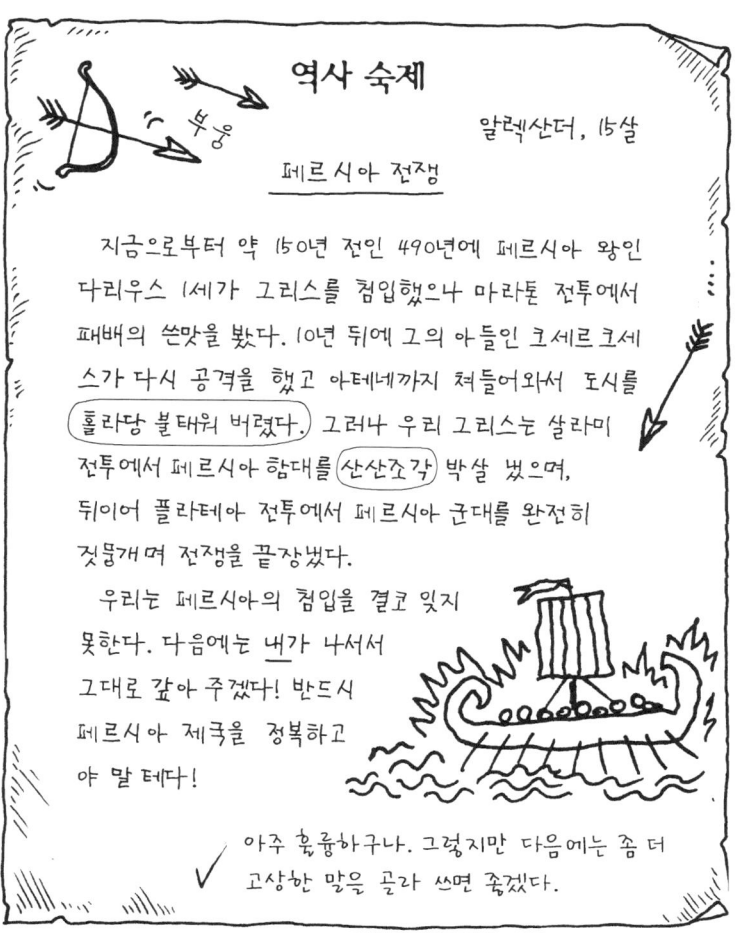

알렉산더는 교실 창문 밖을 멍하니 내다보며 앞으로 펼쳐질 모험을 꿈꾸었겠지(아리스토텔레스가 정삼각형에 대해 주절주절 떠들 때면 영락없이 그랬을 것이다). 그러나 알렉산더가 무언가를 정복하기에는 아직 시간이 필요했다. 게다가 아버지로부터 마케도니아의 왕위를 물려받는 것도 확실하지 않게 되었다.

> 알렉산더에게
>
> 학교에서 말썽 안 부리고 공부 열심히 하고 있니? 네 아버지가 어제 집에 왔더구나. 그런데 나한테는 말 한마디 건네지 않고 별 볼일 없는 다른 마누라들이랑 어울리지 뭐니. 나는 질투하는 게 아니란다. 그저 너에게 라이벌이 될 아들이 생길까 봐 심란할 뿐이다. 네 아버지에게 알아듣게 설명했건만 기껏 이런 말만 늘어놓더구나. "사내아이에게 경쟁자가 있는 것도 나쁘지 않아." 흥, 끝까지 두고 보겠어. 머저리 같은 인간!
>
> 아무튼 넌 아리스토텔레스 선생님의 가르침을 하나도 빠짐없이 꼭꼭 새겨 두어라. 반드시 필요할 때가 있을 거야.
>
> 기원전 342년 10월
> 사랑과 뽀뽀를 잔뜩 담아서,
> 엄마가
>
> 덧붙임. 최고가 되도록 노력하렴, 얘야. 언젠가 온 세상이 네 앞에 무릎을 꿇을 날이 올 테니까.
> 또 덧붙임. 이젠 리라에서 손을 뗐겠지?

행복한 가정

16살에 알렉산더가 학교를 마치자, 필립 왕은 좀 더 막중한 일을 맡겼다. 가까운 트라케로 전투를 떠나면서 마케도니아를 부탁한 것이다. 알렉산더를 보좌할 자리에는 예전부터 알고 지내던 안티파테르를 임명하였다. 알렉산더로서는 머리털 나고 처음으로 중요한 임무를 맡았기 때문에 일분일초라도 허투루 보낼 수 없었다.

아버지께

 걱정마세요. 이곳은 모든 게 잘 굴러가고 있습니다. 지난주에는 북부 지역에서 반란이 일어나 골치깨나 썩었지만 제가 나서서 싹 처리했답니다. 반란을 일으킨 도시를 완전히 장악한 뒤에 제 이름을 새로 붙였거든요. 이제 그 도시의 이름은 '알렉산드로 폴리스'가 되었어요 (꽤 그럴싸하죠?).

출싹거리던 트라케인은 어떻게 되었는지요?
그놈들을 물리치는 데 제 도움이 필요하면 언제라도 불러만 주세요.

기원전 340년 12월
존경을 담아서,
알렉산더 올림

아들에게

맡은 일을 충실히 하고 있는 것 같구나.
그렇지만 앞으로는 도시에 네 이름을 붙이지 마라.
그건 내가 할 일이니까(그런 일은 네가 왕이 된 다음에 얼마든지 할 수 있단다).
그리고 반란 지역을 여기저기 바쁘게 쫓아다닐 필요는 없다. 네 나이에는 그저 마음껏 즐기면 된단다.

기원전 339년 1월
사랑을 보내며 아버지가

추신. 네 어미의 빌어먹을 뱀을 조심해라. 며칠 전에도 내 짐 꾸러미에서 한 마리가 불쑥 튀어나왔지 뭐냐.

알렉산더가 두각을 나타내다

마케도니아는 세력이 강해짐에 따라 아테네와 테베 등 여전히 강력한 힘을 과시하는 도시 국가와의 한판 승부를 피할 수가 없었다. 드디어 기원전 338년에 케로니아에서 한바탕 전투가 벌어졌다. 필립 왕의 막강한 지도력에 힘입어 완전히 탈바꿈한 마케도니아는 이 전투에서 놀라운 병력을 선보였다. 그로 인해 마케도니아는 그리스의 가장 강력한 군대로 자리매김했다. 바로 이런 식으로 말이다.

케로니아 전투에서 필립 왕은 18살을 갓 넘긴 알렉산더를 기마대 장군으로 내세웠다. 젊은 혈기로 가득 찬 알렉산더는 전투에서 중요한 위치를 꿰차자 기분이 날아갈 것 같았다.

어머니께

어머니도 제가 무척 자랑스러우실 거예요. 아버지가 저를 핵심 부서에 배치해 주셨어요. 말 위에서 칼과 창을 겨누는 기마대 수백 명을 맡기셨거든요. 저는 위풍당당한 부케팔라스에 몸을 싣고, 눈앞에서 거들먹거리는 그리스인에게 누가 한수 위인지 분명히 가르쳐 주었답니다.

그런데 눈살 찌푸릴 일이 벌어졌어요. 전투가 끝난 뒤에 우리 군대는 포도주를 마시며 축하 잔치를 열었어요. 제가 리라를 뜯으며 병사들의 흥을 돋우는 동안, 아버지가 그만 곤드레만드레 취해 버리고 말았어요. 아버지는 전쟁터에 널린 시체들 사이를 비틀비틀 돌아다니며 승리에 겨운 함성을 질러댄 거예요. 얼마나 황당하던지!

어머니가 아버지께 나중에라도 꼭 <u>한 말씀</u> 해 주세요. 마케도니아 국왕의 지위에 어울리는 행동에 대해서요.

기원전 338년 8월
사랑을 담아서,
알렉산더 올림

필립 왕은 수치스러운 태도를 반성하는 의미로 파격적인 결정을 내렸다. 그날 필립 왕의 행동은 한 나라의 국왕이라기보다는 주정뱅이나 다름없었으니까. 필립 왕은 아테네 포로 2000

명을 풀어 주는 동시에, 케로니아에서 사망한 아테네 병사 1000여 명의 유골을 아테네로 보내 주겠다고 발표했다. 그런데 알렉산더가 이 막중한 임무를 수행하게 되었다.

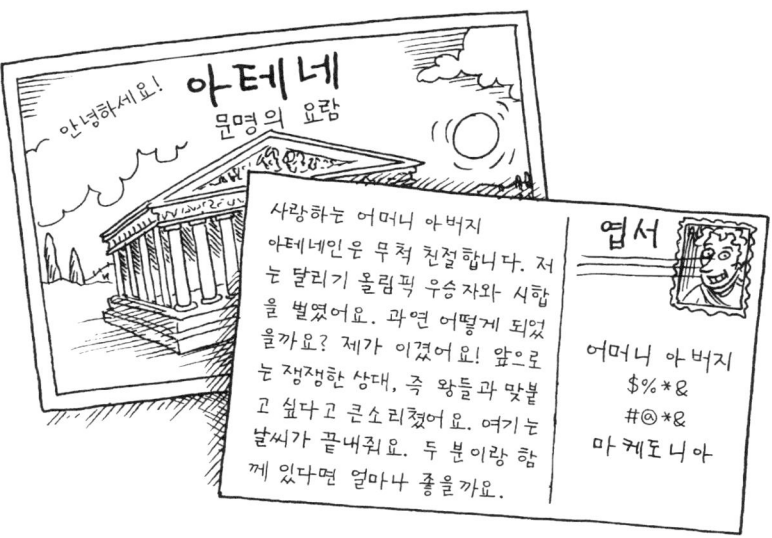

공공의 적

필립 왕은 거대한 평화 연맹을 결성하기에 이르렀다. 그리고는 도시 국가들을 '코린트 연맹'에 우격다짐으로 가입시켰다. 코린트 연맹은 축구 연맹의 이름이 아니라 각 국가가 코린트에 모여서 다 함께 우정을 다짐한 모임이다.

코린트 연맹은 겉보기에 여러 동맹국의 모임이지 어느 한 국가가 주도하는 게 아니었다. 그러나 속을 들여다보면 마케도니아가 쥐락펴락하는 상황이었다. 따라서 도시 국가들은 입으로는 평화를 들먹이면서도 내심 마케도니아를 경계했다. 때로는 필립 왕을 몰아내자며 자기들끼리 쑥덕거리기도 했다. 필립 왕은 반란을 꿈꾸는 세력을 싹 쓸어 낸 뒤에 자기 마음대로 그리스를 주무르고 싶었다. 도대체 무슨 수로 그렇게 한담?

아테네의 지혜로운 정치가인 이소크라테스는 필립 왕에게 진심 어린 편지를 보냈다.

> 필립 왕이여 보소서.
>
> 페르시아를 물리칠 원정대를 만들어서 그리스의 도시 국가도 참여할 것을 촉구하시는 게 어떨지요? 그리스 안에서 아옹다옹 다투느니 아시아의 지배자인 페르시아 대왕과 대결하는 편이 나을 겁니다. 페르시아를 정복하면 왕의 위용은 하늘을 찌를 테지요! 감히 장담하건데 신에 못지않은 분이 되실 겁니다!
>
> 기원전 346년 가을
> 왕에게 우정을 맹세하며
> 아테네의 이소크라테스

이소크라테스의 제안은 정말로 그럴 듯했다.

- 수많은 그리스인이 페르시아인을 바바리안이라고 여겼으므로 페르시아에 반감을 가진 그리스인을 모으기란 식은 죽 먹기였다.
- 그리스인은 엄청나게 부자인 페르시아 대왕의 재산을 은근히 탐냈다.
- 많은 그리스인이 '페르시아 전쟁' 때 당한 굴욕을 기억했고 반드시 되갚아 주겠다고 이를 박박 갈고 있었다. 따라서 창과 칼로 페르시아에 복수하자는 필립 왕의 주장은 잘 먹

혀들었다. 물론 필립의 속셈은 마케도니아의 세력을 넓히고 그리스의 반란을 억누르는 데 있었지만 말이다.
- 소아시아의 여러 도시는 원래 그리스 정착민이 세웠으나 지금은 페르시아의 지배를 받는 처지였다. 소아시아의 그리스인은 페르시아 방식에 젖어 그럭저럭 살면서 독립에는 별로 관심이 없었다. 그러나 필립 왕은 페르시아의 지배에서 벗어나려는 사람들을 돕는 것처럼 행세했다.

필립 왕은 페르시아를 공격하면 모두 해결될 거라 생각하고 자신의 계획을 서둘러서 그리스 전체에 발표했다.

두 번의 결혼식과 한 번의 장례식

필립 왕은 그리스 도시 국가들과 평화로운 관계를 회복했으나 안타깝게도 가정생활은 엉망진창이었다. 어쩌면 그 때문에 필립 왕이 목숨을 잃었는지도 모른다. 사건은 필립 왕과 올림피아스 왕비의 사이가 멀어질 대로 멀어지면서 시작되었다.

때마침 필립 왕의 눈에 쏙 드는 여자가 나타났다. 에우리디케라는 마케도니아의 소녀로 필립 왕이 데리고 있던 장군의 조

카였다. 필립 왕은 몇 주일 지나기도 전에 에우리디케와 결혼하겠다고 선언했다.

알렉산더의 비밀 일기

기원전 338년 9월

세상이 와르르 무너지는 기분이다. 아버지는 새로 생긴 여자에게 홀딱 빠졌고 어머니는 뚜껑이 열릴 정도로 화가 났다. 어머니는 자신이 외국인 출신이므로 마케도니아 가문의 에우리디케에게 밀려날 수도 있다고 넋두리를 늘어놨다. 더구나 사람들은 아버지가 새로 맞이한 여자에게서 아들이 태어나면 그 아들이 왕위를 물려받을 거라고 쑥떡거렸다. 그 녀석이 순수한 마케도니아 혈통이 될 거라나 뭐라나.

쳇, 어림 반 푼어치도 없는 소리……. 다음에 왕이 될 사람은 무조건 나거든. 코흘리개 삼척동자도 다 아는 사실이라고(헤파이스테이온에 따르면 아버지가 장군을 맡고 내가 왕이 되길 바라는 사람들도 있다고 했다).

마케도니아의 왕실 결혼식답게 음식과 술이 넘쳐 났으나 분위기는 다소 살벌했으니,

그런데 에우리디케의 삼촌인 아탈로스가 신혼부부와 앞으로 태어날 아기를 위해 건배를 제안한 게 화근이었다.

알렉산더는 주제넘은 짓이었다는 걸 잘 알고 있었다. 그래서 밤에 몰래 어머니를 모시고 궁정을 빠져나와 다른 나라로 달아났다. 알렉산더는 친척들이 모여 사는 에피루스에 어머니를 모셔 두고 마케도니아 북부인 일리리아로 몸을 피했다.

그러고는 치밀어 오르는 분노를 삼키며 알렉산더는 아버지의 궁정에서 멀리 떨어진 곳에서 몇 달 동안 방랑했다.

> 헤파이스테이온에게
>
> 아이구, 참 잘나기도 했지! 이놈의 방정맞은 주둥아리 하고는!
>
> 난 이젠 죽었다 깨나도 왕이 될 순 없을 거야. 그치? 운도 지지리 없어라. 이 버림받은 곳에서 기껏 리라나 뜯으며 하릴없이 시간을 보내야 하다니. 이제 흥미진진한 일이 눈앞에 펼쳐질 텐데 말이야.
>
> 아버지는 전투에 대비하여 아시아로 선발 부대를 보내겠군. 곧이어 치열한 전투가 벌어질 테지. 그런데 난 두 손 놓고 주저앉아 있어야 하다니!
>
> 답장을 꼭 보내줘……. 일이 어떻게 돌아가고 있는지 빠짐없이 듣고 싶어.
>
> 기원전 338년 10월
> 알렉산더

마케도니아에 있는 에우리디케 왕비는 바로 임신을 했으나 태어난 아기는 여자아이였다. 그 당시 여자는 왕위를 물려받을 수 없었으므로 필립 왕은 무척 아쉬워했다. 결국 후계자라고는 알렉산더뿐이었으므로, 필립 왕은 아들과 관계를 회복하는 수밖에 없었다(사실 원정을 앞둔 상태에서 일리리아에 머물고 있는 알렉산더가 불쑥 반란이라도 일으킬까 봐 은근히 애가 탔다).

> 아들에게
>
> 　지금까지 옥신각신 싸웠던 일이 다 부질없이 느껴지는구나. 집안을 올바르게 이끌지 못한 주제에 그리스 전체의 평화를 어찌 입에 담을 수 있겠느냐?
>
> 　그러니 너도 이제 그만 돌아오는 게 어떻겠느냐? 페르시아와의 전쟁에서 네 도움이 필요할 것 같다. 지금은 네가 후계자라는 사실을 모르는 사람이 없단다. 그러니 괜한 걱정은 집어치워라.
>
> 　　　　　　　　　　　　　기원전 337년 봄
> 　　　　　　　　　　　　　　　　아버지
>
> 추신. 네 어미는 지금 있는 곳에 두고 오는 편이 나을 게다.

알렉산더는 펠라로 돌아와 아버지를 도왔다. 그렇지만 올림피아스 왕비는 망명 생활에서 벗어나지 못했다.

필립 왕은 올림피아스 왕비의 남동생인 에피루스 왕과 동맹을 맺었었다. 그런데 올림피아스 왕비가 에피루스 왕을 조종하여 골치 아픈 일이라도 벌일까 봐 불안했다. 아시아 정벌을 눈앞에 두고 주변 국가와 분란을 일으킬 수는 없었다. 결국 필립 왕은 두 나라의 우정을 돈독히 유지하기 위해 에피루스 왕과 자신의 딸인 클레오파트라(알렉산더의 여동생)를 결혼시키기로 했다.

결혼은 일사천리로 착착 진행되었다. 필립 왕은 결혼식에 참석한 사람들에게 재산과 권력을 과시하고 싶었다. 중요한 인물과 그리스 각 나라의 대표에게 초대장을 발송했다. 결혼식이 열리는 에게 도시는 성대한 잔치에 걸맞게 갖가지 치장을 아끼지 않았다. 또한 다양한 운동 경기와 음악 축제(알렉산더가 리라 연주 솜씨를 뽐낼 수 있는 기회이다)와 신에 대한 제사까지 준비했다.

어머니께

　워낙 특별한 행사라서 그런지 아버지께서 어머니를 결혼식에 초대하라고 말씀하셨어요(될 수 있으면 밤을 두고 오라고 덧붙이면서요). 오실 거죠?

　어머니께 하고픈 말이 산더미처럼 쌓였어요. 에우리디케가 사내아이를 출산하자 아버지가 기뻐서 펄쩍펄쩍 뛰셨어요. 불안한 심정을 감출 수 없네요. 더 속상한 일은 아버지가 그 아이에게 카라누스라는 이름을 붙여 주셨다는 점이에요. 저는 귓등으로 흘려듣고 말았는데, 헤파이스테이온이 알려 주길 카라누스는 마케도니아의 첫 번째 왕의 이름이라는군요! 아버지가 그 아이에게 뭔가 기대하는 바가 있나 봅니다.

　솔직히 털어놓자면 그깟 기저귀나 차고 있는 갓난애랑 경쟁해야 한다니 코웃음이 날 정도입니다!

　하루라도 빨리 뵙고 싶어요.

　　　　　　　　　　기원전 336년 봄
　　　　사랑을 듬뿍 담아서, 알렉산더 올림

올림피아스 왕비를 비롯하여 그리스 전역에서 손님 수백 명이 결혼식에 참석했다. 만찬이 시작되자 다들 술을 마시며 한껏 즐거운 분위기를 만끽했다. 그러나 결혼 잔치 다음 날 아침에 비극이 몰아쳤으니,

마케도니아 일보

그리스 전역으로 배급 중 – 특별판 – 기원전 336년 6월

끔찍한 살해 사건!

- 왕이 왕실 결혼식 연회에서 칼에 찔려 사망
- 한 남자를 체포하다

그리스 전역이 마케도니아 필립 왕의 잔인한 살해 소식에 경악을 금치 못하고 있다. 오늘 이른 아침에 왕은 딸의 결혼 축하 자리에서 호위병에게 공격을 당했다. 의사가 당장 쫓아갔으나 여러 군데를 무참히 찔린 왕은 그 자리에서 사망한 걸로 보인다. 왕은 공격을 받던 당시, 축하 행렬에 참여 중이었다. 앞쪽에서는 신하들이 올림포스 열

두 신의 신상을 들었으며 필립 왕과 비슷하게 생긴 열세 번째 신상이 그 뒤를 바싹 따랐다 (궁정 관리는 왕 스스로 신이라고 주장했다는 소문을 부인했다).

필립 왕이 행렬에 참여한 직후에 암살이 이루어졌으며 필립 왕은 하얀색 행렬 의상 차림이었다.

범행 현장에서 달아나려던 남자는 바로 붙잡혔으며 그 자리에서 목이 달아났다.

전국은 지금 술렁이고 있다. 알렉산더 왕자는 밤새 가까운 친구들과 측근들을 모아 회의를 거듭했다. 현재로서는 그가 왕위를 물려받을 사람으로 가장 유력하다.

공격을 당한 직후의 사건 현장

아테네는 이틀 동안 휴가를 선포하다!
신문 33면 참고

★ 요건 몰랐을걸: 필립 왕의 살해 ★

누가 살인을 뒤에서 조종했는지 아직까지 밝혀지지 않았다. 왕을 죽인 호위병 파우사니아스는 왕의 곁에서 칼을 휘둘렀다. 그렇지만 여러 가지 상황으로 짐작하건데 파우사니아스는 돈을 받고 범행을 저질렀을 가능성이 크다. 의심되는 사람을 몇 명 간추렸다.

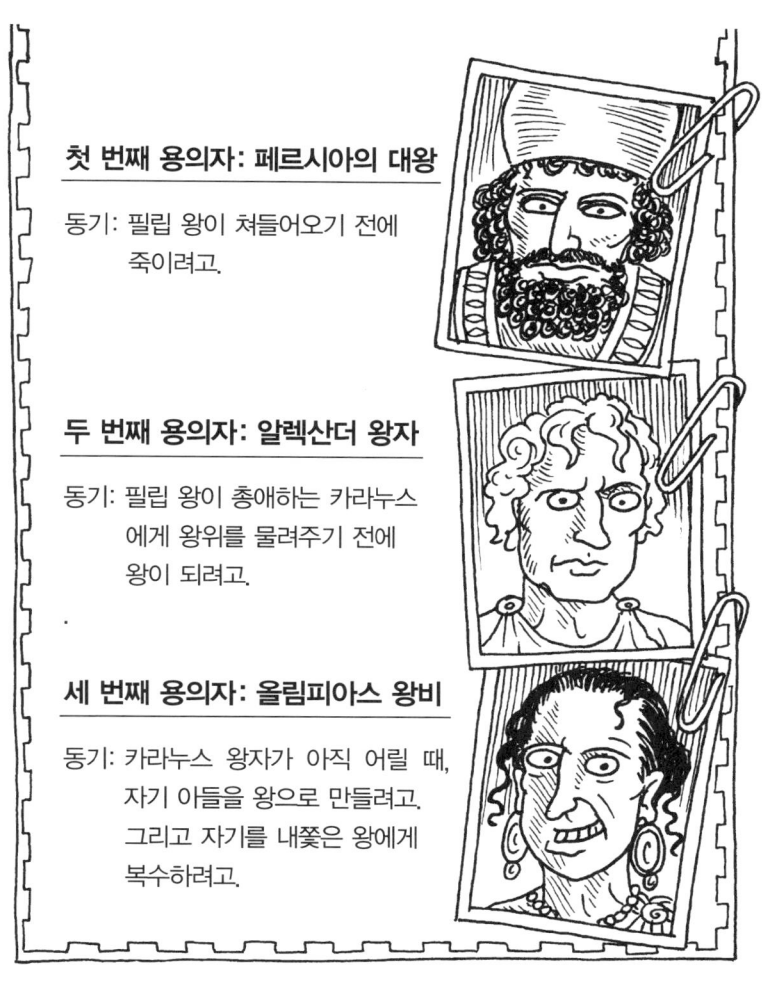

첫 번째 용의자: 페르시아의 대왕

동기: 필립 왕이 쳐들어오기 전에 죽이려고.

두 번째 용의자: 알렉산더 왕자

동기: 필립 왕이 총애하는 카라누스에게 왕위를 물려주기 전에 왕이 되려고.

세 번째 용의자: 올림피아스 왕비

동기: 카라누스 왕자가 아직 어릴 때, 자기 아들을 왕으로 만들려고. 그리고 자기를 내쫓은 왕에게 복수하려고.

끝까지 진실이 밝혀지진 않았지만 많은 사람들이 올림피아스 왕비를 배후 인물로 지목했다. 올림피아스 왕비는 얼음처럼 냉정했다. 자기 아들을 후계자로 만들기 위해서는 무슨 짓이든 저지르고도 남을 성격이었다.

알렉산더가 장악하다

카라누스 왕자는 아직 갓난아기였으므로, 이제 막 20살이 된 알렉산더가 필립 왕의 뒤를 이을 가능성이 컸다. 그런데 사람들마다 의견이 달랐다. 누군가는 필립 왕의 조카인 아민타스를 왕으로 추대하자고 주장했다. 한편에서는 '후견인'이 왕위를 보호하다가 카라누스 왕자가 성인이 되면 넘겨주어야 한다고 목소리를 높였다. 그러나 알렉산더에게는 헤파이스테이온처럼 충성스런 친구와 영향력이 센 지지자 두 명이 있었다. 필립 왕의 곁에서 조언을 아끼지 않던 안티파테르와 필립 왕의 최고참 장군인 파르메니오였다. 그들의 도움으로 알렉산더는 순식간에 왕권을 장악했다.

제일 먼저 안티파테르는 알렉산더를 마케도니아 군대 앞에 내세웠다. 병사들은 전통적인 방식에 따라 충성을 맹세했다.

알렉산더는 아버지의 살해범으로 지목된 파우사니아스는 물론 그와 관련된 사람들 모두를 처형하여 한바탕 피바람을 일으켰다. 우선 파우사니아스의 세 아들을 사형시켰다. 그들은 이 사건과 아무런 관련이 없었는데도 말이다. 심지어 파우사니아스의 말까지 목을 베어 버렸다!

왕이 된 뒤 1년 동안, 알렉산더는 자신을 반대하는 세력이나 왕권을 위협하는 인물들을 무자비하게 숙청했다(이들 중에는 필립 왕의 결혼식에서 다른 후계자의 탄생을 기원하여 알렉산더를 열받게 만든 아탈로스도 포함되었다).

알렉산더는 기발한 전술과 용감무쌍한 태도로 이름을 떨쳤다. 이런 성공은 찔러도 피 한 방울 흘러나오지 않을 냉혹함 때문이었다. 알렉산더는 아버지가 남긴 임무를 다시 시작하기로 다짐했으니, 이제 그의 앞길을 아무도 가로막을 수 없었다. 드디어 아시아 원정이라는 꿈이 이루어지는 듯했다.

알렉산더가 동분서주하다

그런데 알렉산더에게 뜻하지 않는 복병이 등장했다. 필립 왕의 죽음이 알려지기 무섭게 북부 그리스 부족들이 반기를 든 것이다. 그들은 알렉산더가 아버지보다 한수 위라는 사실을 전혀 몰랐다. 필립 왕의 사망 소식을 듣자, 드디어 마케도니아의 지배를 벗어나게 되었다며 기뻐했을 뿐이다.

자리를 박차고 일어난 알렉산더는 마케도니아 군대를 끌고 그리스 곳곳을 누비며 반란 세력을 진압했다. 전투 중에 몇 번이나 위기를 맞이했으나 그때마다 기지를 발휘하여 보란 듯이 벗어났다. 사람들은 알렉산더의 계략에 혀를 내둘렀다. 알렉산더는 북부 그리스에서 다섯 번의 승리를 거두었는데,

1. 테살리아 알렉산더가 산을 넘으려면 그 길목에 있는 철벽 요새인 테살리아를 지나가야하므로 그곳 지도자와 협상해야만 했다. 테살리아인은 자기들의 유리한 입장을 충분히 알고 있었다. 그들은 알렉산더가 공손히 부탁해 오면 들어줄 수도 있다고

큰소리쳤다. 하지만 알렉산더는 병사들을 동원하여 가파른 산맥에 계단을 만들기 시작했다. 궁지에 몰린 테살리아인은 알렉산더의 제안을 냉큼 수락했다.

2. 트라케 트라케인은 가파른 오르막 꼭대기에 여러 대의 수레를 줄줄이 세워 놓고, 알렉산더와 부하들을 사정없이 짓뭉개 버리겠다며 위협했다. 알

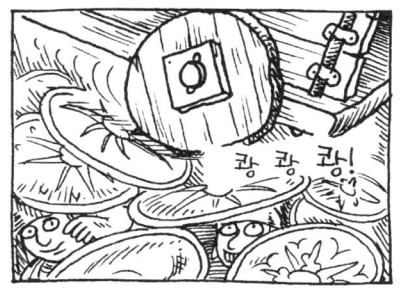

렉산더는 부하들에게 엎드린 채 방패로 몸을 덮으라고 지시했다. 수레가 쿵쿵 굴러 왔지만 아무도 다치지 않았다. 알렉산더와 병사들은 물밀듯이 밀려가서 트라케인을 무찔렀다.

3. 트리발리아 트리발리아인은 수풀이 우거진 계곡을 차지하고 있어서 공격하기가 여간 까다롭지 않았다.

알렉산더는 주력부대를 숨겨 놓고 소규모의 궁수들과 투석기 담당 병사들만 보내어 트리발리아인을 요새에서 밖으로 유

인해 냈다. 이어서 주력부대가 요새로 들어가 아수라장으로 만들었다.

4. 게테족 게테족 수천 명이 무리를 지어 다뉴브 강 건너편에서 알렉산더를 기다리고 있었다.

알렉산더는 부하들에게 나무토막으로 카누를 만들라고 일렀다. 또한 건초를 천막으로 둘둘 말아 뗏목을 만들어서 강에 띄우라고 지시했다. 알렉산더가 어두컴컴한 밤을 틈타 병사 6000명과 말 1500마리를 다뉴브 강 건너편으로 실어 나르자, 겁을 집어먹은 게테족은 앞다투어 달아나 버렸다.

5. 일리리아 일리리아인이 언덕을 둘러싸고 알렉산더 부대를 포위했다. 알렉산더는 병사들에게 사리사스 창을 들고 다닥다닥 붙어서 밀집 대형을 이루라고 지시했다. 병사들은 훈련받은 대로 사리사스 창을 꼿꼿이 치켜들고 숨소리조차 죽이

며 상대를 향해 한 발 한 발 움직였다.

일리리아인이 구경하느라 얼이 빠져 있는 동안, 알렉산더 부대는 앞으로 바짝 다가섰다. 곧이어 알렉산더가 미리 전달한 지시에 따라 기마대는 섬뜩하리만치 무서운 괴성을 지르며 돌진했다.

일리리아인은 무기를 내동댕이치고 뒤도 안 돌아보고 도망쳤다.

알렉산더는 군대를 끌고 코린트로 가서 그리스 도시 국가들에게 다음 세 가지를 강요했다.
1. 아버지가 만든 연맹을 부활시킬 것
2. 자기에게 충성을 맹세할 것
3. 페르시아 제국을 공격하겠다던 아버지의 계획에 확실히 동의할 것

★ 요건 몰랐을걸 : 디오게네스 ★

코린트에 들른 알렉산더는 잠시 짬을 내어 구경을 다녔다. 그 도시에는 디오게네스라는 유명한 철학자가 있었다. 그의 별명은 '개 같은 디오게네스'였는데 멀리 떨어진 곳에서조차 그 이름은 유명했다. 디오게네스는 인간의 삶을 내버리고 동물처럼 살겠다고 마음을 굳힌 뒤, 누워서 햇볕이나 쬐며 허구한 날 노닥거렸다. 또한 돈이나 재산이나 살림살이 없이도 얼마든지 소박한 삶을 누릴 수 있다고 주장했다. 쉽게 말해서 고대 그리스 히피(사회적 관습을 부정하고 자유로운 생활 양식을 추구하는 사람-옮긴이)처럼 자유를 누리며 구걸로 목숨을 부지했다. 알렉산더가 그를 만났을 때, 디오게네스는 길가에 놓인 커다란 항아리 안에서 살고 있었다.
그리고 이런 대화가 오고 갔다.

알렉산더를 못 이기다

알렉산더는 코린트에서 돌아오는 길에 신통하기로 소문난 신탁을 들으러 델포이로 향했다.

> ## 위대한 시대 : 신탁 신전
>
> 그리스인은 신이 알려 주는 운명을 들으려고 신탁 신전을 방문했다(점쟁이를 찾아가거나 별점을 읽는 것과 비슷한 행동이다). 신탁신전은 그리스 전역에 흩어져 있었는데, 예지의 신인 아폴로 신전이 가장 유명했다.
> 신전을 방문한 사람은 안으로 들어가서 쥐도 새도 못 듣도록 소근소근 질문을 한다. 곧이어 들리는 졸졸 샘물 소리나 바스락바스락 나뭇잎 소리를 대답으로 간주한다(델포이의 경우 피티아라고 칭하는 여사제가 몽롱한 상태에서 내지르는 비명이나 신음 소리를 아폴로 신의 대답으로 여겼다). 신전의 사제가 신의 '대답'을 풀어서 알려 주면 방문객은 약간의 사례금을 건넸다.

알렉산더는 앞으로 감행할 페르시아 원정에 대해 알고 싶었다. 길을 나서기 전에 신에게서 격려의 말을 듣고 싶었던 거다. 아뿔싸! 델포이의 신탁은 여름에 문을 여는데 알렉산더가 방문했을 때는 한겨울이었다. 알렉산더는 1초의 망설임도 없이 당장 여사제의 집으로 쫓아갔으며, 우격다짐 끝에 결국 여사제를 신전까지 끌고 왔다. 여사제는 곧 쓰러질 정도로 시달렸으나 끝까지 입을 열지 않았다. 그런데도 알렉산더가 막무가내로 고집을 피우자 여사제는 어쩔 수 없다는 듯이 한마디 던졌다.

사실, 여사제가 했던 말은 알렉산더의 고집이 너무 세서 당해 낼 수 없다는 뜻이었다. 그러나 알렉산더는 여사제의 말을 신탁으로 간주했다!

고마워요, 어머니

모든 일이 알렉산더에게 유리한 쪽으로 흘러가는 듯했다. 그러나 알렉산더는 궁정을 비운 동안 펠라에 골치 아픈 일이라도 터질까 봐 은근히 마음을 졸였다. 그런데 궁정에 남아 있던 알렉산더의 어머니가 뒷일을 깔끔하게 마무리 지었다.

> 사랑하는 알렉산더
>
> 이젠 걱정할 것 없다, 우리 아들. 오늘부터는 두 다리 쭉 뻗고 편안히 잠들렴. 내가 어린 카라누스와 그 누나를 비롯하여…… 걔들 어미까지 목숨을 끊어 놓았다(시작한 일은 끝장을 봐야 한다는 게 평소의 내 신념이잖니).
>
> 이제부터는 아무것도 신경 쓸 필요 없단다. 반란 부족을 해치우는 일에만 매달리렴.

> 내 소중한 아들에게 사랑과 키스를 보내며,
> 기원전 335년 10월
> 엄마가

 필립 왕의 사랑을 독차지했던 에우리디케 왕비에게 복수하면서, 올림피아스 왕비는 가슴속의 한을 풀었을까?
 그러나 살인을 일삼는 올림피아스 왕비의 잔혹한 행동에 사람들은 경악했으며, 알렉산더조차 놀라움을 감추지 못했다.

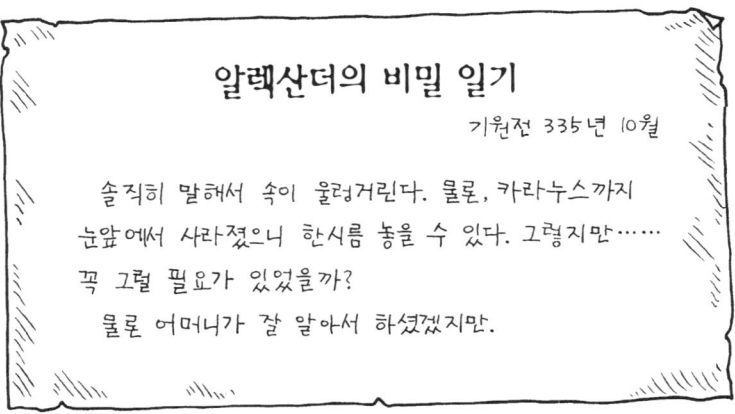

알렉산더의 비밀 일기
기원전 335년 10월

솔직히 말해서 속이 울렁거린다. 물론, 카라누스까지 눈앞에서 사라졌으니 한시름 놓을 수 있다. 그렇지만…… 꼭 그럴 필요가 있었을까?
물론 어머니가 잘 알아서 하셨겠지만.

알렉산더가 본때를 보여 주다

 코린트에서 새로 맺은 협정에도 불구하고 알렉산더에게 반감을 표시하며 슬그머니 고개를 든 세력이 있었다. 문제가 터진 곳은 일곱 개의 성문을 가진 테베였다. 예전에 필립 왕이 힘겹게 항복을 받아 낸 도시였다. 알렉산더는 북부의 반란 세력을 처리하느라 한참 눈코 뜰 새 없었다. 그 틈을 타서 테베가 코린트연맹에서 빠지겠다고 선언한 것이다. 마케도니아의 지배에 불만이 쌓여 가던 도시들은 너나할 것 없이 테베의 반란을 쉬쉬하며 지지했다. 아테네는 무기를 지원했고 페르시아 왕은 금을 보내 주었다.

알렉산더는 신속하고 단호하게 처리하기로 결심하고는 군대를 끌고 산맥을 넘어 무려 400km를 한달음에 쫓아갔다. 그 결과 고작 13일 만에 테베의 성문 앞에 이르렀다(적어도 한 달 이상은 걸릴 거라고 예상했던 테베인은 깜짝 놀랐다). 알렉산더는 마지막 통첩을 보냈다.

알렉산더는 노발대발하였고 당장 테베를 끝장내겠다며 이를 바드득 갈았다. 알렉산더 군대는 테베를 에워싸고 끈질기게 공격을 시도했다. 드디어 성벽이 조금씩 허물어졌다. 마케도니아 병사들은 득달같이 달려 들어가서 곳곳을 짓밟고 약탈하며 도시 전체를 피바다로 물들였다.

테베는 그리스에서 가장 역사적인 도시였으나 알렉산더의 손에 거의 모든 건축물이 허물어졌다. 병사 수천 명이 목숨을 잃었으며 시민 수천 명이 노예로 팔려 나갔다. 알렉산더는 반기를 들면 어떤 꼴을 당하는지 보여 줄 셈으로 테베를 땅 위에서 싹 쓸어버렸다.

알렉산더의 피도 눈물도 없는 처리 방식은 효과가 확실했다. 그리스 도시 국가들은 태도를 싹 바꾸면서 협력하겠다는 의사를 공손하게 밝혔다.

> 현명하기 그지없고 정의로운
> 마케도니아의 알렉산더 왕이시여,
>
>   우리 아테네인은 왕께서 북부 지역을 진압하고 무사히 돌아오셔서 얼마나 기쁜지 모른답니다. 무엇보다 간악한 테베인에게 내린 따끔한 징벌에 뜨거운 박수를 보냅니다(그 녀석들은 그런 것을 당해도 쌉니다).
>   우리들은 앞으로 왕께서 추진할 아시아 원정에 아낌없이 후원해 드릴 것을 약속드립니다.
>   부디 옥체를 돌보시고, 최고가 되시옵소서!
>
>   기원전 335년 10월
>   아테네 시민들의 사랑을 모아서

알렉산더는 펠라로 돌아오는 길에 안도의 한숨을 길게 내쉬

었다. 북부 그리스의 반란 세력에게 매운맛을 보여 준 덕분에 그리스의 도시 국가들이 겁을 잔뜩 집어먹고 알렉산더에게 납작 엎드렸으니 말이다. 이젠 아버지가 남기고 떠난 일을 처리할 때가 되었다.

알렉산더의 비밀 일기

기원전 335년 10월

난 정말 기가 막히게 비상한 지휘관이자 정치가란 말이야! 내 막사에서 제우스 신을 위한 축제라도 벌이며 축하해야겠다(리라도 꺼내야지).

날 기념하는 의미로 새로운 동전도 만들 생각이다. 한쪽에는 매력적인 내 얼굴을 새기고 반대쪽에는 헤라클레스의 멋진 모습을 넣는 거다. 사람들은 시장에 가서 빵 한 덩어리를 사더라도 날 떠올리겠지? 얼씨구 좋아라!

한시라도 빨리 아시아로 가고 싶어서 좀이 쑤실 정도다. 거기에서 얻게 될 명성과 영광에 비하면 지금까지 해 온 일은 새 발의 피나 다름없으니까.

아시아 대원정

알렉산더는 위상이 높아진 덕분에 원정대를 모으는 데 시간이 오래 걸리지 않았다. 한편 소아시아에는 필립 왕이 예전에 파견해 둔 마케도니아 병사 수천 명이 기다리고 있었다. 그들과 곧 합류할 알렉산더의 주력 부대는 다음과 같이 구성되었다.

알렉산더의 원정대

알렉산더: 원정대의 총사령관. 사자머리 투구를 처음으로 선보였다.

헤파이스테아온: 알렉산더 군대의 장교로 발탁되었다.

부케팔라스: 알렉산더가 가장 아끼는 네 발 달린 친구

네아르코스와 클레이토스: 알렉산더의 어린 시절 친구

아버지인 필립 왕과 어쩜 그리 닮았는지. 알렉산더는 틈만 나면 대규모의 '그리스연합' 군대가 아시아 원정에 나선 사실을 강조했다. 그러나 따져 보면 병사의 90%는 마케도니아인이었다. 그리스 도시 국가들은 겉으로만 알렉산더를 지지할 뿐이었다. 따라서 알렉산더가 그리스를 떠나면 다들 한바탕 난리를 일으킬 생각이었다.

그러나 알렉산더는 그리스인의 속셈을 이미 꿰뚫고 있었기에 가장 믿음직한 측근인 안티파테르에게 마케도니아를 맡기고 떠났다. 또한 그리스 도시 국가가 반기를 드는 경우를 대비하여 마케도니아 군대의 절반을 남겨 두었다. 결국 그리스 연합은 이름만 그럴싸할 뿐 속 빈 강정이었다.

위대한 시대: 그리스 용병

그리스 전쟁은 그리스와 페르시아 제국 사이의 전쟁인데도 상당히 많은 그리스인이 페르시아 군대에서 용병으로 일했다. 용병은 돈을 받고 싸우는 병사였기에 돈만 준다면 자기 나라의 '적국'을 위해서도 얼마든지 싸웠다. 페르시아 대왕은 워낙 부자였으므로 수천 명의 그리스 병사를 자기 군대로 데려 왔다. 그리스 연합 군대에서 마케도니아인을 빼면 어떻게 될까? 아마도 페르시아 군대에 그리스 병사가 훨씬 많았을 것이다.

존경하는 호메로스

기원전 334년 봄, 알렉산더의 거대한 군대는 트라케를 지나 헬레스폰트로 향했다. 헬레스폰트는 페르시아 제국의 가장자리에 위치한 곳으로 유럽과 소아시아의 연결 지점이다.

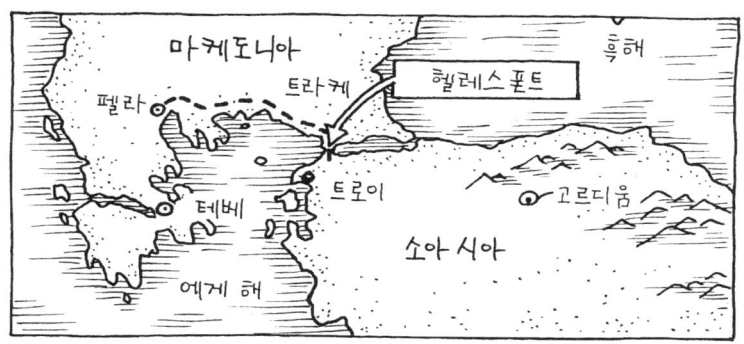

백여 척이라는 어마어마한 규모의 선박에 오만 가지를 몽땅 실었다. 알렉산더가 안전한 여행을 기원하는 의미로 신에게 제사를 바치고 나자 돛이 활짝 펼쳐졌다. 선두로 달리는 배의 키는 당연히 알렉산더 차지였다.

어머니께

　우와, 가슴이 마구 쿵쾅거려요! 제가 그리스 총사령관이 되어서 막강한 군대를 이끌고 사악한 제국을 물리치러 떠나게 되다니요. 아버지보다도 백배 천배 이런 날을 꿈꾸어 왔거든요! 이제야 비로소 아킬레스가 바람 부는 트로이 벌판을 향해 배를 몰고 나갈 때 어떤 심정이었을지 알 것 같습니다.
　해변에 닿자마자 프로테실라우스에게 제사를 드리려고요.

> 호메로스의 기록에 따르면 트로이 전투에서 가장 먼저 전사한 이가 프로테실라우스니까요. 신들이 나에게 행운을 안겨 주길 바랄 뿐입니다.
>
> 기원전 334년 봄
> 사랑하는 아들,
> 여전히 최고가 되려고 노력하는
> 알렉산더 올림

알렉산더는 바다를 반쯤 건넜을 때 바다의 신인 포세이돈에게 황소 한 마리를 통째로 바쳤다(알렉산더는 수영을 못 했기 때문에 불행한 사태가 벌어지는 걸 원치 않았다). 배가 소아시아의 해변에 거의 닿을 무렵, 알렉산더는 뱃머리에서 창을 들어 힘껏 모래사장에 던졌다. 그러고는 신들에게 '창 던지기에서 우승'한 기념으로 아시아를 갖게 해 달라고 빌었다. 배에서 내린 후엔, 프로테실라우스에게 제사를 지낸 뒤에 영웅인 헤라클레스

와 아테네 신과 제우스 신을 위해 해변에 제단을 쌓았다.

알렉산더는 폐허로 변해 버린 트로이를 한 바퀴 돌았다. 알렉산더와 헤파이스테이온은 아킬레스와 그의 충성스러운 친구인 패트로클루스의 무덤에 제사를 지냈다. 그러고는 호메로스의 이야기에 나오는 그리스 영웅들을 기념하는 의미로 벌거벗은 채 무덤을 돌며 달리기 시합을 벌였다!

알렉산더는 모든 준비를 마쳤다. 이젠 적이 기다리는 동쪽으로 진격하는 일만 남았다.

그라니코스에서 맞붙다

한편 페르시아 제국의 심장부인 바빌론에서는 다리우스 3세가 무엇을 할지 결정을 앞두고 고심하고 있었다. 그의 장군들 가운데에는 로데스 출신의 멤논이 있었다. 멤논은 원래 지혜로운 그리스 장군이지만 여러 해 전에 필립 왕과 사이가 틀어지면서 페르시아로 건너와 용병으로 싸우고 있었다.

결국 페르시아는 알렉산더가 해변에서 벗어나기 전에 결판을 내기로 했다. 다리우스는 바빌론에 그대로 남아 있었다.

5월에 양쪽 군대가 그라니코스 강을 사이에 두고 대치했다.

알렉산더 군대에서는 파르메니오를 비롯하여 나이 지긋한 장군들의 표정이 밝지 않았다. 그들의 풍부한 경험으로 슬쩍 둘러보자마자 문제점을 바로 파악했던 것이다. 높은 지대에 자리 잡은 페르시아인은 여유를 부리며, 알렉산더가 먼저 움직이길 기다렸다. 강은 물살이 빨라서 건너기 어려웠고 강둑은 진흙투성이라 기어오르기 힘들었다. 자칫하면 마케도니아 군대는 속수무책으로 당할 수밖에 없는 상황이었다.

그렇다고 손을 뗄 알렉산더가 아니었다.

★ 요건 몰랐을걸: 알렉산더와 달력 ★

전해 오는 이야기에 따르면 장군들이 알렉산더에게 몰려와서 마케도니아는 종교적인 이유로 5월에 싸움을 하지 않는다고 주장했다. 알렉산더는 눈썹 하나 까딱하지 않았다. 왕권을 발휘하여 달력을 바꾸었으니 이젠 5월이 아니라고 했을 뿐이다!

그나마 장군들의 끈질긴 설득에 알렉산더는 무작정 강을 건너려던 계획을 접었다. 알렉산더 군대는 밤이 오기를 기다렸다. 페르시아를 교란시킬 목적으로 모닥불을 피워 놓고, 강을 건너기 수월한 하류로 이동했다.

먼동이 밝아올 무렵, 알렉산더가 부케팔라스를 타고 신호를 보내자 병사들이 강을 건넜다. 멤논이 예상한 대로였다. 페르시아는 사방이 확 트인 벌판에서는 마케도니아의 적수가 되지 못했다. 알렉산더는 아시아에서 첫 승리의 나팔을 울렸다.

어머니께

오늘은 대단했습니다! 칼과 창을 맞댄 채 싸웠거든요. 여기저기서 비명 소리가 터져 나왔고 피비린내가 진동했지요. 그 한가운데 제가 있었어요. 그런데 중심을 잃어서 부케팔라스에서 떨어졌을 땐 목숨이 간당간당했답니다. 페르시아 병사가 나를 끝장내려는 순간에 고맙게도 클레이토스가 나타나서 목숨을 구해 주었어요. 포로 중에는 그리스 용병만 2,000명이나 됩니다. 그들을 그리스로 보내 노예로 삼을 작정이에요. 적을 위해 일했으니 그 정도는 감수해야겠지요. 우리는 전리품도 잔뜩 얻었습니다. 이 전리품과 더불어 몇 글자 적어서 아테네에 보낼까 합니다. "알렉산더가 아시아에 사는 야만인에게서 빼앗은 물건을 보낸다." 내가 얼마나 뛰어난 인물인지 단단히 가르쳐 줄 셈입니다.

> 기원전 334년 초여름
> 사랑하는 아들,
> 여전히 최고가 되려고 노력하는
> 알렉산더 올림

알렉산더는 병사들을 이끌고 동쪽으로 진격하면서 소아시아의 여러 도시를 '해방'시켰다. 그리고 주요한 지역마다 군대를 주둔시켜 누가 다스리는지 확실히 못 박아 두었다. 또한 페르시아 대왕의 꼭두각시인 여러 지방의 총독을 마케도니아 장군으로 갈아치웠다.

알렉산더의 비밀 일기

기원전 334년 6월

소아시아의 해안 너머로 떠다니는 페르시아 함대를 생각하면 머리가 지끈거린다. 우리와 비교가 안 될 정도로 어마어마한 데다 악랄하기 짝이 없는 로데스의 멤논이 지휘하고 있다. 아무리 계산해 봐도 우리가 해전에서 이길 가능성은 희박하다.

앗, 바로 이거야(그나저나 어디에서 이런 생각이 팍팍 떠오르는 걸까?). 바다에서 페르시아 함대와 싸우지 말고 육지에서 승부를 내야겠다(난 발이 보송보송한 게 좋더라!). 우리 군대를 이용하여 소아시아의 해변에 위치한 항구를 몽땅 점령하는 거다. 기껏해야 일 년이면 충분하겠지. 페르시아 함대는 식량을 못 구할 테니 항복하고 말 거야.

> 우리 함대를 아예 집으로 돌려보낼까? 이젠 별로 쓸모가 없잖아. 게다가 기댈 구석이 없어지면 병사들이 죽자 사자 싸우지 않을까?

해안에 위치한 도시들은 싸워 보지도 않고 하나둘씩 마케도니아에게 항복했다. 그러나 몇몇 도시는 성문을 걸어 잠그고 강하게 저항했다. 그중에서 특히 할리카르나소스라는 곳은 멤논의 페르시아 함대가 곧 도착할 도시였다. 알렉산더는 몇 주 동안 할리카르나소스 성 밖에서 맴맴 돌며 애를 태웠다. 그러다가 아다 여왕의 도움으로 그 도시를 함락시킬 수 있었다.

이웃 지역의 아다 여왕은 알렉산더의 젊은이다운 매력에 폭 빠져서, 먼저 동맹을 제안했다. 알렉산더와 아다 여왕은 힘을 합쳐 공격을 했고 멤논은 바다로 철수했다(도시가 홀라당 타 버렸다). 알렉산더는 아다 여왕에게 그 도시의 왕이 될 것을 제안하며 자기편이 되어 달라고 부탁했다(아다 여왕은 감지덕지 고마워하며 알렉산더를 양아들로 삼았다).

> 이봐요, 내가 바로 그 아이의 진짜 엄마라오. 대단히 고맙구려!

멤논은 페르시아 함대의 정비를 마치자마자 그리스 본토를 공격하기로 결정했다. 알렉산더로서는 아주 속 터지는 상황이었다. 알렉산더가 그리스 함대를 돌려보낸 일을 후회하고 있는데, 희소식이 날아왔다. 멤논이 별안간 병에 걸려 고열에 시달리다가 숨을 거두었다는 내용이었다. 결국 페르시아는 그리스를 침공하려던 계획을 접어야만 했다. 알렉산더로서는 손을 대지도 않고 코를 푼 격이었다. 알렉산더는 운명의 여신이 자기를 향해 미소 짓는다고 확신하며 군대를 이끌고 동쪽으로 전진했다.

★ 요건 몰랐을걸 : 고르디온의 매듭 ★

알렉산더는 고르디움에서 고국의 첫 번째 증원부대와 합류했다. 그런데 귀가 솔깃할 만한 신탁이 고르디움에 전해 내려오고 있었다. 고르디움의 명물은 전설 속의 마이다스 왕이 탔다는 고풍스런 마차였다(마이다스는 그리스 신화에 등장하는 탐욕스런 왕이다. 그는 소원대로 만지는 것마다 모두 황금으로 변했다). 마차는 기둥에 매어 있었는데 복잡하고 커다란 매듭으로 얽혀 있었다. 신탁에 따르면 매듭을 푸는 사람이 '아시아의 지배자'가 된다고 했다.

이런 도전을 마다할 알렉산더가 아니었다. 남에게 과시하기 좋아하는 데다 전설이라면 사족을 못 쓰는 알렉산더였다. 무엇보다 자기가 아시아를 지배할 인물이라는 사실을 만천하에 알릴 수 있는 기회였다. 그러니 두 팔 걷어붙이며 나설 수밖에.

그러나 굵은 밧줄은 머리카락 한 올 들어갈 틈 없이 단단하게 묶인 데다 배배 꼬여 있었다. 수많은 사람이 나섰으나 제대로 손도 못 댄 채 물러서기 일쑤였다. 다들 고개를 설레설레 저으며 포기한 매듭이었다. 알렉산더는 끈기를 갖고 풀 수 있을까? 알렉산더는 독특한 방법으로 그 문제를 풀었으니…….

엄밀히 따지자면 신탁과 어긋나는 행동이었다. 그래도 어쨌든 문제는 해결되었잖아? 알렉산더는 예언을 반드시 이루겠노라고 사람들 앞에서 큰소리쳤다!

드디어 마주치다

알렉산더가 다리우스의 페르시아 군대를 무찌르려고 동쪽으로 달려갈 때, 다리우스 역시 서쪽으로 향하는 중이었다. 그러다가 간발의 차이로 엇갈렸다.

뜻밖에도 다리우스 왕은 임시 막사에 남아 있던 마케도니아의 병자와 부상병들을 발견하였다. 그는 병자와 부상병들을 아주 잔인하게 처리했다. 다시는 싸움터에 나서지 못하도록 손목을 절단한 것이다. 그러고는 포로들을 질질 끌고 다니며 페르시아 군대를 구석구석 보여 주었다. 무시무시한 페르시아 기마병은 다가올 전투를 단단히 대비하는 중이었다. 다리우스는 포로들에게 눈으로 본 광경을 빠짐없이 전하라고 윽박질렀다. 그런 뒤에 그들을 알렉산더에게 돌려보냈다.

운이 억세게도 없던 마케도니아 포로들은 몸서리쳐지는 고통 속에서 한 발 두 발 걸음을 뗐다. 그들은 꼬박 이틀 동안 110km를 죽자 사자 걸어야만 했다. 포로들 곁으로 다리우스 병사들이 끊임없이 지나갔다. 다리우스 군대는 마케도니아 군대의 후방에 완벽한 방어 요새를 구축했다. 그 결과 알렉산더 군대의 보급로는 완전히 끊겨 버렸다.

엎친 데 덮친 격으로 알렉산더의 병사들은 줄기차게 쏟아지는 폭우에 쫄딱 젖었다. 그 바람에 손가락 하나 들어 올릴 힘조차 없었다. 드디어 포로들이 알렉산더 군대에 나타났다. 마케도니아 병사들은 다리우스가 자신의 동료들에게 저지른 만행을 똑똑히 목격하였다. 뿐만 아니라 페르시아 군대가 어떤 상태인지 생생히 들었다. 이야기를 전해 들은 마케도니아 병사들은 잔뜩 겁을 집어먹었다.

알렉산더는 병사들의 사기를 북돋기 위해 연설을 시작했다.

용케 알렉산더가 학창 시절에 갈고닦은 연설이 먹혀들었다. 병사들의 사기는 그럭저럭 회복되었고 모두들 다음 전투를 대비하였다.

그런데 알렉산더의 고국에 어떤 소식이 퍼져 나갔을까?

마케도니아 일보

현재 그리스 전역과 소아시아에서 판매 중임
기원전 333년 11월

다리우스 대왕의 대패

우리 그리스에 또 한 번의 위대한 승리
그리스 부대에 머물고 있는 종군 기자의 특별 기사문

새벽녘이 되자, 페르시아 군대가 서서히 모습을 드러냈다. 줄을 맞춰 앉은 페르시아 병사의 길이가 옆으로 5km에 이르렀다. 병사들 앞쪽의 피나루스 강둑에는 뾰족한 말뚝을 빼곡히 꽂아 놓았다.

다리우스 왕은 페르시아 진영의 한가운데에 자리 잡은 황금 전차에 위풍당당한 자세로 앉아 있었다. 기골이 장대한 페르시아 호위병들이 다리우스 왕을 에워싸고 있었다.

한편, 충성스런 부케팔라스에 올라 탄 우리의 위대한 왕은 군대를 어떻게 배치할지 궁리하며 분주하게 돌아다녔다.

오전 7시 23분. 페르시아 측에서 화살이 빗발치듯 날아오며 하늘을 검게 물들였다. 이에 응수라도 하듯 알렉산더는 기마병을 이끌고 강을 건너 돌격을 감행했다. 그러자 페르시아 궁수들이 뿔뿔이 흩어졌다.

오전 7시 29분. 마케도니아 기마병은 곳곳에 꽂혀 있는 말뚝 때문에 무진장 애를 먹었으나 젖 먹던 힘까지 내서 강둑을 기어 올라갔다. 다리우스 왕과 맞붙기로 결심한 우리의 위대한 지도자는 적의 측면을 공격하며 페르시아 진영으로 파고들었다.

오전 8시 17분. 적과 일대일의 백병전이 벌어지며 한바탕 피바람이 불었다. 알렉산더의 몇 걸음 앞에 다리우스 왕이 있었다.

그런데 왕이 타고 있던 전차의 말들이 미친 듯 날뛰었다. 다리우스 왕은 낯빛이 파랗게 질렸다. 결국 다리우스 왕은 왕실 전차를 버리고 말을 타고 달아났다. 뒤에는 왕실 외투며 방패며 활이 고스란히 남아 있었다. 해는 뉘엿뉘엿 지면서 또 한 번의 승리를 비춰 주었고 알렉산더 왕은 아시아의 왕좌에 한 걸음 다가섰다.

다리우스 왕에게는 삼십육계 줄행랑이 수치스럽긴 했으나 그래도 목숨을 부지했으니 다행이었다. 더구나 병력을 보충하기만 하면 앞으로 얼마든지 알렉산더와 맞붙을 기회가 올 것이다. 알렉산더가 아무리 넓은 땅을 정복한다 한들 다리우스 왕의 목숨이 붙어 있는 한 아시아의 왕이 될 수는 없었다.

어쨌든 다리우스 왕이 걸음아 날 살려라 달아난 덕에 알렉산더는 품위 넘치는 생활을 맛볼 수 있었다. 마케도니아 군대가 페르시아의 막사에 들어서 보니, 화려하기 짝이 없는 동양풍의 벽걸이 융단을 비롯하여 금과 은으로 만든 무기들이 곳곳에 널려 있었다. 알렉산더는 전투 중 뒤집어 쓴 흙먼지를 페르시아 대왕의 욕조에서 말끔히 씻어 냈다. 이어서 다리우스 왕의 호화찬란한 실내복(알렉산더는 옷소매를 몇 번 접어야 했을 거다)을 입고 횃불이 환하게 타오르는 다리우스 왕의 거대한 막사로 들어섰다. 알렉산더는 왕실 침상 앞에 페르시아 귀금속을 산더미처럼 쌓아 놓고 성대한 연회를 열었다. 그리고 그 자리에 참석한 동료들을 향해 이렇게 말했다.

티끌만 남기고 사라진 티레

이수스 전투 후에 알렉산더가 식사를 하고 있는데, 근처 천막에서 애절한 흐느낌과 통곡 소리가 들렸다. 다리우스의 아내와 어머니와 어린 자식 등 포로 신세가 된 다리우스 왕의 가족이었다. 그들은 텅 빈 다리우스의 전차를 보는 순간, 다리우스 왕이 죽었다고 짐작하고 눈물을 흘리고 있었다.

뜻밖에도 다리우스 가족에게는 운이 따랐다. 알렉산더의 머릿속에 다리우스 가족을 잘 보살펴 주면 페르시아 백성의 존경을 받을 수 있다는 생각이 떠올랐기 때문이다. 알렉산더는 다리우스 왕이 살아 있다는 사실을 가족에게 알렸다. 또한 부하들에게 다리우스 가족을 극

진히 보살피라는 명령을 내렸다. 심지어 다리우스의 어머니인 시시감비스를 '어머니'라고 부르며 대우했다.

★ 요건 몰랐을걸: **시시감비스** ★

전하는 이야기에 따르면, 시시감비스는 헤파이스테이온을 알렉산더로 착각하여 그 앞에 엎드려 절을 했다고 한다. 황당하기 짝이 없는 순간이었지만 알렉산더는 대수롭지 않게 넘기며 다음과 같이 말했다. "괜찮습니다, 어머니. 저 사람도 알렉산더입니다." 친구 이상의 사이라는 뜻이었으니 헤파이스테이온은 얼마나 뿌듯했을까?

얼마 지나지 않아, 알렉산더는 다리우스 왕에게 편지를 한 통 받았다. 협상하기를 간절히 바라는 내용이었다.

알렉산더에게

좋다, 그대가 이수스에서 이긴 걸 인정한다. 그러나 이제 나는 훨씬 막강해진 군대를 이끌고 있으니 다음번에는 만만치 않을 것이다.

내가 전할 말은 바로 이것이다. 나에겐 금이 어마어마하게 있다. 가족을 돌려준다면 얼마든지 건넬 용의가 있다. 앞으로 공격을 멈추겠다고 약속하면 그대가 차지한 땅까지 고스란히 넘겨주겠다.

그대의 생각은 어떠한가?

기원전 332년 1월
다리우스

솔직히 말해서 꽤 구미가 당기는 제안이었다. 알렉산더는 부하들이 찬성할까 봐 슬그머니 걱정되었다. 다리우스 왕과 협상할 마음이 손톱만큼도 없었기 때문이다. 알렉산더는 아시아 전체의 지배자이자 왕인 다리우스를 몰아내고 싶었다. 소문에 따르면 알렉산더는 다리우스 왕이 보낸 편지의 내용에 대해서는 입도 벙긋하지 않았다고 한다. 오히려 실망스런 내용이 담긴 편지를 꾸며 냈다! 부하들은 그 편지를 읽자마자 버럭 화를 냈다. 알렉산더는 다리우스 왕의 제안을 보란 듯이 거절하였다. 그리고 자기야말로 최고라는 것을 확실하게 못 박았다.

★ 요건 몰랐을걸: 마마보이 ★

전해 오는 이야기에 따르면 다리우스는 알렉산더를 버르장머리 없는 꼬마로 취급했다. 그는 알렉산더에게 집에 가서 엄마 젖이나 더 먹고 오라며 꾸짖었다! 심지어 장난감 채찍과 공까지 보냈다.

삽질을 시작하다

알렉산더는 자신감에 넘쳤으나 이수스를 떠나 남쪽으로 가는 길에는 넘어야 할 장애물이 한둘이 아니었다. 페니키아 지역(지금의 이스라엘)을 완전히 장악하려면 우선 항구 도시들부터 회유해야 했다. 무엇보다 페르시아 함대가 알렉산더의 보급로를 막고 있어서 여간 애를 먹는 게 아니었다. 그런데 항구 도시들이

그런 페르시아 함대에 식량과 거처를 제공하고 있다니! 그중에서도 알렉산더가 보기에는 티레가 유독 눈엣가시였다.

티레 신도시는 구도시 해안에서 약 8km 떨어진 섬에 자리 잡았으며 거대한 성벽에 단단히 둘러싸여 있었다. 그러나 알렉산더에게 해군은 물론이고 그렇게 먼 거리로 돌을 날릴 투석기도 없었다. 아무리 궁리해 봤자 답답하기 그지없는 상황에서

알렉산더가 묘안을 짜냈다.

주민 수천 명이 징발되었고 마케도니아 병사들이 합세하여 공사에 착수했다. 알렉산더는 격려의 말을 건네거나 사례금을

쥐어 주면서 작업을 이끌었다.

 티레 신도시 주민들은 얼토당토않은 계획이라며 웃어 넘겼다. 심지어 배를 타고 와서 알렉산더의 부하들을 놀려댔다.

 그러나 몇 주 지나지 않아 마케도니아의 작업이 눈에 띌 정도로 착착 진행되자 티레 신도시는 태도를 바꾸었다. 둑이 반쯤 완성되었을 때는 목숨을 내걸고 사투를 벌였으니,

1. 티레인은 배 여덟 척에 투석기를 싣고 궁수와 투석기 담당 병사를 태웠다. 알렉산더의 부하들은 갑옷을 입지 않은 상태에

서 일을 하고 있었으므로 치명적인 부상을 당하고 말았다.

2. 알렉산더는 둑을 따라 가죽과 삼베로 보호막을 쳤다.

3. 알렉산더는 거대한 목재 탑 두 개를 세운 뒤에 궁수를 배치하여 티레의 배에 화살을 퍼부었다.

4. 티레인은 불이 잘 붙는 땔감과 기름을 배에 잔뜩 실었다. 돛대 꼭대기에 매달린 가마솥에는 기름이 절절 끓고 있었다. 배는 알렉산더의 목재 탑으로 쏜살같이 달려왔다.

5. 활활 타오르는 지옥불이 두 개의 탑으로 다가왔으며, 근처의 배에서는 티레 궁수들이 혼비백산하여 달아나는 마케도니아인을 향해 활시위를 당겼다.

6. 티레 전투병들이 둑에 올라와 곳곳에 불을 질렀고 눈에 띄는 대로 마구 해치웠다.

이 절박한 시기에 행운의 여신은 알렉산더를 향해 미소 지었다.

주변의 도시들이 마케도니아에 항복하기로 결심하고 알렉산더에게 배를 제공했던 것이다. 알렉산더는 배를 밀집 대형으로 띄워 놓고 둑에서 일하는 부하들을 보호했다. 이윽고 티레의 견고한 성벽까지 거대한 둑이 완성되었다.

피비린내 나는 전투가 끝없이 이어지나 싶더니 알렉산더의 부하들이 마침내 성벽을 뚫었다. 주민들은 지붕까지 뜯어내어 죽기 살기로 내던졌으나 마케도니아 부하들은 아랑곳하지 않고 성안으로 쳐들어갔다. 7개월에 걸친 기나긴 전투는 막을 내렸으며 티레는 마침내 함락되었다.

어머니께

과연 어떻게 되었을까요? 제가 티레를 티끌만 남겨 두고 날려 버렸습니다! 전 자신 있었어요. 그저 약간의 삽질이 필요했을 뿐이에요. 부하들 역시 신나게 즐기다 보면, 그동안 쌓였던 불만이야 금방 떨쳐 버리겠죠. 이제 성대한 축하연과 횃불 행진과 그밖에 여러 행사를 통해 이 놀라운 승리를 기념하려고 합니다. 달리기 경주와 단체 경기를 벌이고 리라 연주 대회도 개최하려고요. 이번 전투에 쓰인 파괴적인 대형 망치는 헤라클레스에게 바쳤답니다.

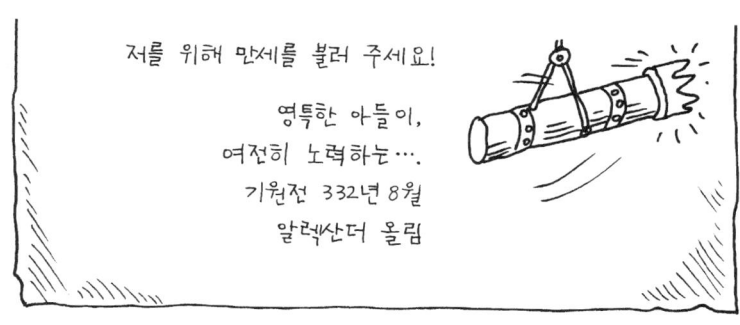

티레 점령은 믿기 어려울 만큼 엄청난 업적이었다. 알렉산더의 부하들이 바다를 가로질러 세운 둑은 아직껏 멀쩡하다(티레 도시는 튼튼하게 다시 건설되었고 여전히 본토와 연결되어 있다). 알렉산더는 다른 도시들이 반항할 마음을 아예 품지 못하도록 테베와 마찬가지로 티레를 잔인하게 처리했다. 병사 2000명이 처형당했으며 시민 수천 명은 단칼에 목이 베이거나 노예로 팔려 나갔다.

파라오의 땅
(그리고 그 너머까지)

페니키아의 해안 도시들이 마케도니아의 수중에 들어왔으므로 알렉산더는 다음 목적지를 향해 길을 나섰다. 바로 이집트였다. 알렉산더는 피라미드와 파라오가 존재하는(심지어 미라까지 있는) 고대의 나라에 어린 시절부터 홀딱 빠져 있었다. 이제 그 나라를 자신의 왕국으로 삼고자 군대를 이끌고 나일 삼각주가 있는 남쪽까지 200km가량 행군했다.

천만다행히도 알렉산더는 이집트에서 칼을 들 필요가 없었다. 이집트인은 마침내 해방되었다며 알렉산더를 열렬히 환영한 것이다. 독특한 종교를 가진 이집트는 자신의 독자적인 문명에 대한 자부심이 대단했다. 그러나 지난 200년 동안 종교가 전혀 다른 페르시아의 압제에 시달려 왔다. 따라서 알렉산더가 이집트인에게 페르시아의 지배에서 벗어났다고 선언하자마자, 알렉산더는 이집트인의 영웅으로 떠올랐다.

어머니께

 자, 이번엔 무슨 일일까요? 이집트인들이 저를 자기들의 왕인 '파라오'로 섬기겠다고 하네요. 게다가 파라오는 태양신인 라의 아들이니 저를 신으로 모시겠다는 거죠. 전 파라오로도 충분한데 말이지요(그렇지 않나요?)!

 모두들 저를 '북부와 남부의 왕' 또는 '태양의 아들' 심지어 '가장 뛰어난 신'이라고 부른답니다. 어찌 보면 딱 들어맞는 것 같아요. 어머니가 제 몸에 성스러운 피가 흐른다고 입이 닳도록 말씀하셨잖아요. 게다가 저에겐 신비로운 면이 있으니까요.

 어쨌든, 헤파이스테이온과 의논 끝에 저는 이집트의 파라오 역할을 충실히 해내기로 마음먹었어요. 그래서 어제는 고대 이집트 사원 두 곳을 다시 세우라고 지시했으며 희한한 이름의 이집트 신에게 제사도 지냈습니다(그렇지만 전통 그리스 육상 대회를 열어서 젊은이들을 즐겁게 해 주기도 했답니다).

 사랑을 가득 담아서,
 기원전 332년 11월
 알렉산더 올림

덧붙임: 어머니도 여기가 마음에 쏙 드실 거예요. 뱀들이 <u>무지하게</u> 많거든요.

황당한 질문을 던지다

이집트에 머물던 알렉산더는 중요한 일을 알아보느라 몇 주 동안 멀리 다녀오기로 했다. 그는 특별히 선발한 소수 정예부대와 함께 푹푹 찌는 북아프리카 사막을 가로질러 서쪽으로 500km 떨어진 시바로 향했다. 유명한 시바 신탁 신전에 꼭 물어보고 싶은 질문이 있어서였다.

> **위대한 시대: 이집트에 그리스 신탁 신전이?**
>
> 신탁 신전은 주로 그리스에 있었지만 몇몇은 이집트를 포함하여 이웃 지역까지 널리 흩어져 있었다. 시바 신탁 신전은 그리스와 이집트의 중요한 신인 제우스와 아몬을 한곳에서 모시는 통합 신전이었다.

알렉산더가 신전에 물어본 질문은 끝내 밝혀지지 않았다. 보나마나 심각한 질문이었을 것이다. 알렉산더는 자기가 평범한 인간인지 아니면 진짜로 신이나 다름없는지 알아내려 했을지도 모른다. 다만 신전에서 나올 때, 알렉산더의 기분이 최고였다는 것은 분명하다. 시바의 사제가 머리를 잘 굴려서, 알렉산더가 원하던 말을 들려줬을까?

다시 돌아온 알렉산더는 자신감에 넘쳐 흘렀다.

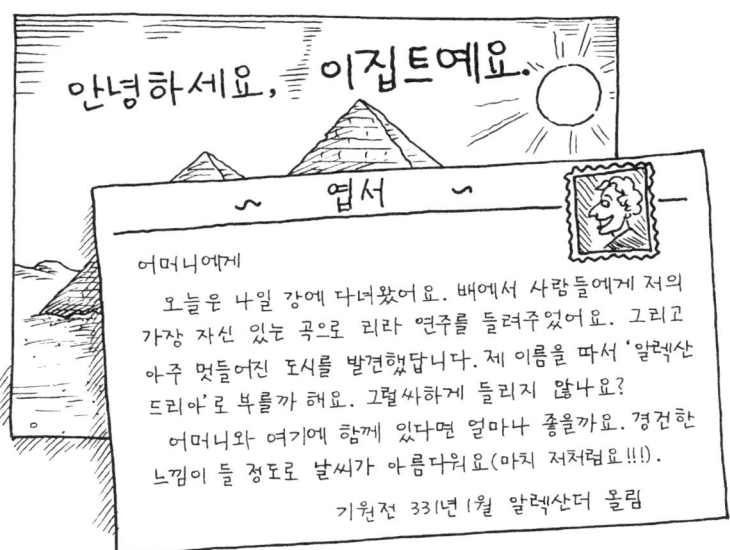

알렉산더는 원정에 동행한 건축가와 기술자에게 새로 건설할 도시를 설명해 주었다.

알렉산더는 아시아 전역에 열두 개의 도시를 건설하였고 이름을 모두 알렉산드리아로 지었다(우편배달부는 골치깨나 썩었을 거다).

알렉산더가 가장 흡족하게 여기던 이집트의 알렉산드리아는 얼마 지나지 않아 고대의 유명한 도시로 발돋움했다. 훗날 매력적인 클레오파트라 여왕(알렉산더의 장군인 프톨레마이오스의 후손)이 영광을 누리던 곳도 이집트의 알렉산드리아였다. 심지어 2000년이 흐른 오늘날까지도 알렉산드리아는 이집트의 두 번째 큰 도시로서(카이로 다음으로) '지중해의 진주'라는 명성을 이어가고 있다.

마지막 제안

알렉산더는 다리우스 왕과 끝장을 내고 싶었다. 따라서 아직 정복하지 못한 동쪽 지역으로 행군하기로 결심했다. 알렉산더는 여느 때처럼 마케도니아 병사를 이집트에 주둔시키기는 했으나 나라의 경영은 이집트 측에 상당히 많이 넘겼다. 그 결과 이집트에서 알렉산더의 인기는 식을 줄 몰랐다. 알렉산더는 점령한 도시들 때문에 늘 골머리를 앓았지만 이집트만은 예외였다.

알렉산드리아가 한참 건설될 무렵, 마케도니아 군대는 지중해 해안을 따라 올라갔다. 그러고는 동북쪽으로 방향을 틀어서 지금의 시리아를 지나 메소포타미아 평야로 들어섰다.

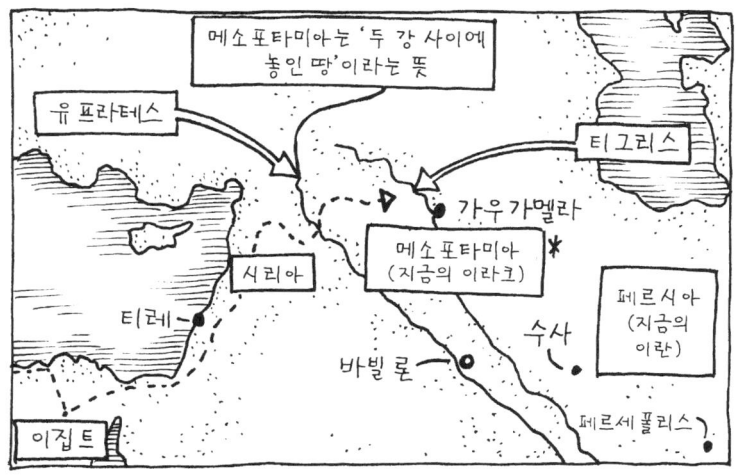

알렉산더는 페르시아 제국의 심장부를 새로운 목표로 겨냥했다. 어린 시절부터 동경해 온 바빌론, 수사, 페르세폴리스, 파사가데 등 이국적인 이름의 거대한 도시들이 자리 잡은 곳이었다.

알렉산더의 비밀 일기

기원전 331년 봄

헤파이스테이온과 여러 부하들은 이집트 여인들과 희희낙락 즐기는 시간이 아깝지 않은 눈치다. 그렇지만 그런 건 나중에 얼마든지 할 수 있다. 다리우스가 바빌론에서 '아시아의 지배자' 노릇을 하는 한, 노닥거리며 누워 있을 수는 없다.

> '아시아의 지배자'는 내 몫이야!
> 최고가 되기 위해 노력하자!

지난 몇 개월 동안, 다리우스 왕은 병력을 강화하며 마케도니아 군대를 철저히 대비하였다. 다리우스 왕은 마케도니아 군대가 넘어오지 못하도록 티그리스 강을 끝까지 지킬 작정이었다. 그러나 알렉산더가 기를 쓰고 티그리스 강을 건너는 바람에 양측은 가우가멜라 평야에서 승부를 겨루게 되었다.

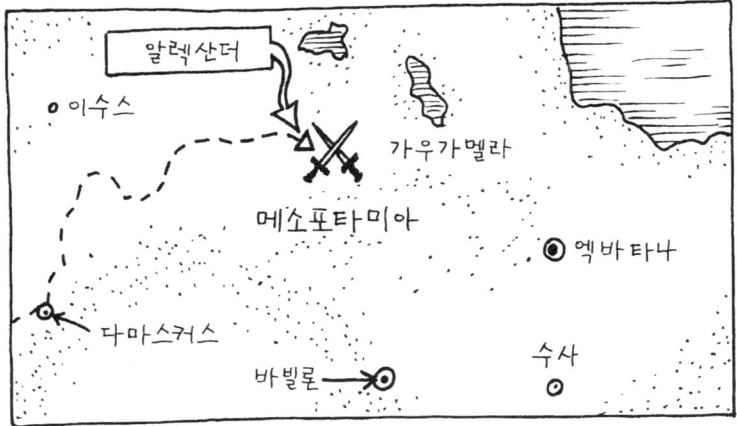

전투가 벌어지기 전날, 여전히 포로로 지내던 다리우스 왕의 아내가 마케도니아 막사에서 아이를 낳다가 목숨을 잃었다. 시중을 들던 하녀 한 명이 탈출하여 그 소식을 다리우스 왕에게 전하였고 왕은 몹시 상심했다. 다리우스 왕은 알렉산더에게 다시 한 번 평화 협상을 제안했다.

> 알렉산더에게
>
> 자, 이번이 마지막 제안이다. 그대는 소아시아뿐만 아니라 유프라테스 서쪽의 페니키아와 시리아와 이집트까지 몽땅 가질 수 있다. 대신 이쯤에서 그만두겠다고 약속하라.
> 그대가 내 가족을 무사히 돌려보내면 30000달란트를 주겠다.
>
> 기원전 331년 가을
> 아시아의 지배자인 다리우스
> (그대에게 줄 지역은 빼고)

    제국의 삼분의 일을 포기하겠다는 다리우스 왕의 제안은 아주 파격적이었다. 이 정도의 제안이라면 알렉산더가 어깨에 잔뜩 힘을 주고 마케도니아로 당당히 돌아갈 수 있었다. 또한 후세 사람들에게 위대한 정복자라는 칭송을 두고두고 들을 것이다. 그러나 알렉산더는 성에 차지 않았다. 다리우스의 제국 전체를 원했던 알렉산더인지라 도저히 만족할 수 없었다.

    전하는 이야기에 따르면, 알렉산더는 부하인 파르메니오 장군에게 편지를 내보이며 의견을 물었다고 한다.

역시 알렉산더였다. 그는 다리우스 왕에게 하늘에 두 개의 태양이 없듯이 아시아에 두 명의 왕은 존재할 수 없다는 답장을 보냈다. 둘은 치열하게 싸워야 할 운명이었으며 결국 알렉산더의 승리로 끝나게 된다.

5 대 1
알렉산더는 답장을 보내면서 자신만만했다. 그런데 다음 날 아침에 산등성이에 올라 페르시아 군대를 보는 순간 무슨 생각이 들었을까? 어쩌면 후회가 밀려왔을지도 모른다. 이수스 전투에서 마주친 페르시아 군대와 별다르지 않을 거라고 기대했다면, 그건 알렉산더가 단단히 착각한 것이다.

알렉산더는 부케팔라스에 올라 타고 적의 어마어마한 대형을 살펴보았다. 그러고는 천막으로 돌아와서 생각에 생각을 거듭했다. 파르메니오 장군이 알렉산더를 찾아와서 야간 기습 공격을 제안했다. 그러나 알렉산더는 야비한 수를 쓰기보다 정정당당히 승리하고 싶다며 파르메니오 장군의 의견을 물리쳤다.

알렉산더의 최대 장점이라면 기발한 전술이었다. 그날 밤에도 막사에서 승리로 이끌 전략을 짜고 있었으리라.

마케도니아 일보

이집트 상형문자로도 발행 중
기원전 331년 10월

알렉산더 아시아의 지배자!

- 야만인 무리들이 대규모의 전투에서 패배
- 알렉산더 왕이 기적 같은 일을 이루어 내다.
- 페르시아 왕이 다시 달아나다.

어마어마한 대규모의 전투에서 알렉산더 왕이 그리스에 역사적인 승리를 안겨 주었다. 어제 알렉산더 왕은 막강한 페르시아 군대를 철저히 굴복시켰다. 페르시아 대왕의 군대는 수백 개의 편대로 구성되었으며 제국 각지에서 뽑은 병사들로 넘쳐났다. 게다가 박트리아 지역의 무시무시한 기마대를 비롯하여 날카로운 낫을 바퀴에 붙인 전차부대도 눈에 띄었다. 몇몇 목격자의 증언에 따르면, 양측 병사의 숫자만 수십만 명에 이르렀다고 한다. 페르시아 병사에 비해 마케도니아 병사는 수적으로 밀렸으며 기껏해야 5 대 1에 불과했다.

한 병사가 당시의 상황을 이렇게 전했다. "페르시아 부대는 낫 달린 전차가 힘을 발휘하도록 몇 날 며칠 전쟁터를 평평하게 만들었다. 그러나 우리는 잘 싸웠다. 우리 군대는 전차가 코앞에 올 때까지 기다렸다가 마지막 순간에 옆으로 슬쩍 비켜났다."

파르메니오 장군의 기마대가 왼쪽을 공격하자 페르시아 군대는 가운데로 슬금슬금 몰렸다. 그때를 틈타서 마케도니아 보병대가 팔랑크스 대형을 유지하며 무시무시한 사리사스를 꼿꼿이 치켜들고 전진했다. 페르시아 군대에 틈이 생기자 알렉산더 왕이 병사들을 끌고 페르시아 대왕의 전차를 향해 돌격했다. 엉겁결에 홀로 떨어진 다리우스 대왕은 그 자리를 피해 달아났다. 몇 시간 뒤에 페르시아 군대는 힘없이 쓰러졌다.

알렉산더는 마케도니아의 왕이자 그리스의 지도자이자 소아시아의 군주이며 이집트의 파라오다. 그런데 이제는 전 아시아의 왕이자 지배자가 되었다.

알렉산더, 만세!

어머니께

　다리우스는 왜 그렇게 절 무서워할까요?

　전투를 하다 말고 꽁무니를 빼며 달아난 게 벌써 두 번째네요. 부랴부랴 쫓아 나서긴 했는데, 왼쪽에서 궁지에 몰린 파르메니오를 돕느라 발길을 돌려야 했지요.

　아무래도 제가 너무 잘난 것 아닐까요? 아킬레스와 헤라클레스 같은 영웅과 비교해도 뒤지지 않을 정도로요. 물론 제 키가 좀 작은 편이기는 하지만 위대한 것으로 따지자면 제가 한 수 높을걸요?

　역시, 그 신탁이 신통하게도 딱 맞아떨어지네요. 저는 확실히 신이나 다름없나 봅니다.

어머니의 아들,

여전히 노력하는…….

(성공이 눈앞에 다가온!)

　　　　　　　기원전 331년 10월
　　　　　　　알렉산더 올림

나

바빌론의 강가에서

다리우스의 명성이 서서히 빛을 잃어 간 반면에 알렉산더의 이름은 제국 전체에 쩌렁쩌렁 울렸다. 알렉산더가 군대를 끌고 동쪽에 나타나자 거대한 도시들이 성문을 열고 알렉산더를 정중히 맞아들였다. 특히 고대 도시들 중에서 가장 웅장하기로 소문난 바빌론도 예외는 아니었다.

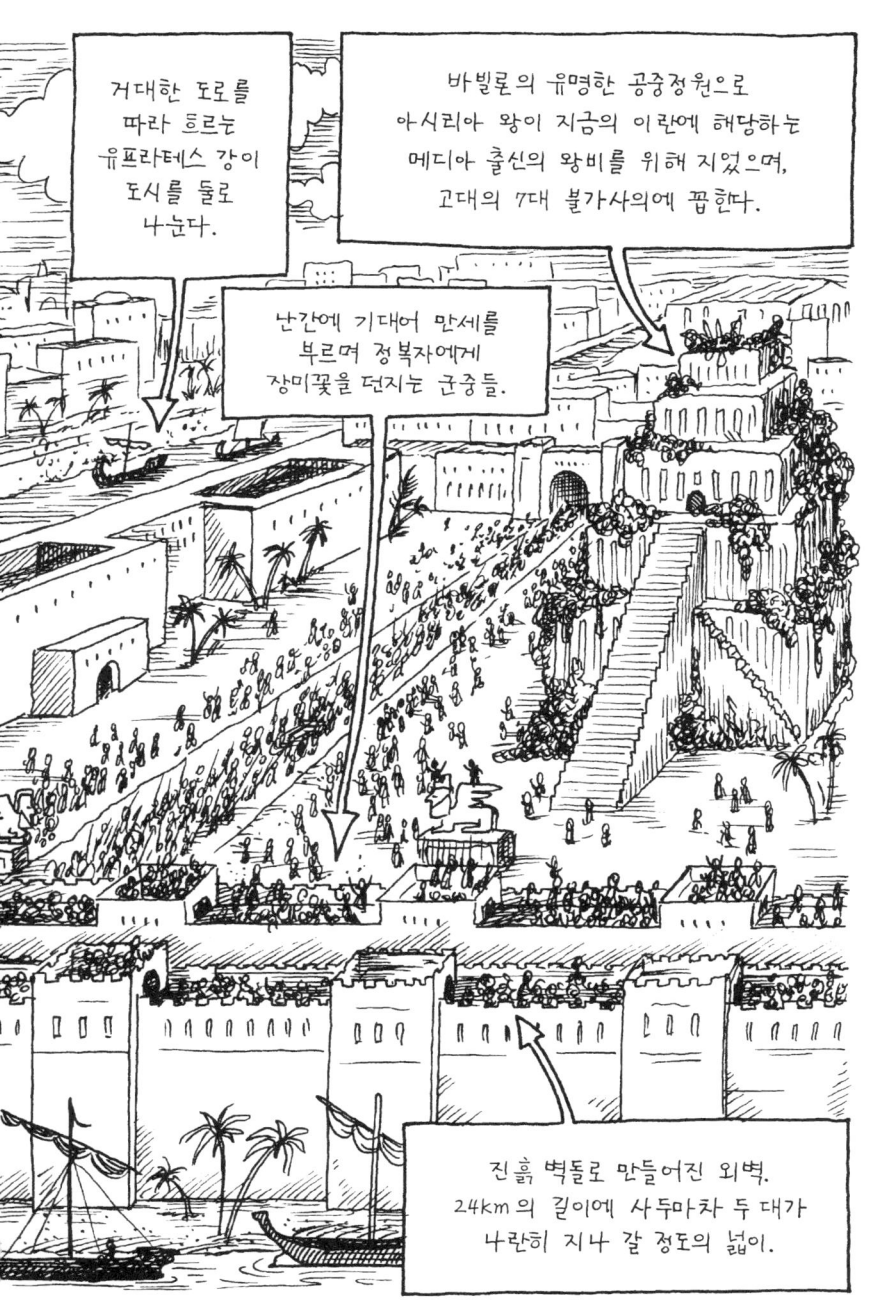

알렉산더는 부하들의 지친 몸과 마음을 달래 주기 위하여 무려 한 달간 최고의 휴가를 베풀었다. 부하들이 마음껏 즐기며 푹 쉬는 동안에 알렉산더는 바빌론의 점성술을 연구했다(앞으로 더 좋은 운세가 펼쳐지길 바랐겠지).

산더미처럼 쌓인 보물

다음 목적지는 바빌론에서 남동쪽으로 600km 떨어진 수사였는데, 그곳 역시 페르시아 대왕의 궁전이 자리 잡고 있었다.

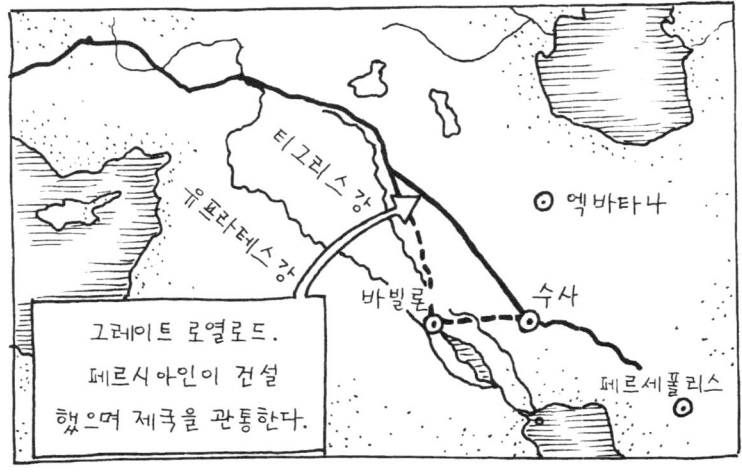

이번에는 지방총독이 몸소 로열로드까지 나와서 알렉산더를 맞이했다. 총독은 입이 벌어질 만큼 많은 선물을 준비해 왔으며 낙타 한 떼와 코끼리 열두 마리까지 바쳤다(마케도니아 군대는 점점 이동 동물원처럼 보이기 시작했다). 항복 의사를 밝힌 총독은 왕궁을 향해 앞장섰고, 알렉산더를 왕실의 호화로운 보물창고로 안내했다.

알렉산더로서는 듣도 보도 못 한 귀금속과 보물이 산처럼 쌓여 있었다. 찬란한 황금 더미와 금으로 된 그릇과 은화와 번쩍번쩍 장신구에 눈이 부실 지경이었다. 또한 사람의 솜씨라고는 믿기지 않을 만큼 정교한 자수를 수놓은 벽걸이 융단과 사치스러운 가구들이 곳곳에 넘쳐났다. 그리고 그 한가운데는 소문으로만 듣던 페르시아 왕의 왕좌가 황금 차양 아래에서 화려한 자태를 뽐내고 있었다.

알렉산더는 새로 얻은 전리품을 쭉 살펴보고 나서 페르시아 왕의 왕좌에 냉큼 올라앉았다. 그건 오랜 행군으로 지친 발바닥을 쉬게 하려는 뜻이 아니었다. 좀 더 심오한 의미가 담겨 있었다. 세상 사람들에게 알렉산더가 새로운 대왕이라는 것을 드러내는 상징적인 몸짓이었다.

그런데 이를 어쩌나. 알렉산더는 자기의 키가 다리우스 왕만큼 길지 않다는 걸 깜박했으니…….

알렉산더의 비밀 일기

기원전 331년 11월

다음에는 페르시아 왕좌에 함부로 앉지 말아야지. 키에 맞춰서 높이부터 조절해야겠다. 얼마나 얼뜨기처럼 보였을까? 그래도 헤파이스테이온의 말마따나 일이 어렵지 않게 풀리고 있다. 금은보화 덕분에 그리스의 보충병을 충원하기가 수월했다. 우리는 다시 막강한 군사력을 갖추게 되었다(가우가멜라 전투에서 병사들을 많이 잃었던 터라 무척 애를 태웠는데 이젠 한시름 덜었다).

그러나 나라 안에서 보내온 소식은 그다지 만족스럽지 않다. 안티파테르 장군은 도시국가들을 제압하느라 쩔쩔매고 있다. 그는 메갈로폴리스에서 '위대한' 승리를 거두었다고 큰소리를 쳤지만 말이다(그건 억지다. 위대한 승

> 승리를 거둔 사람은 바로 나다). 솔직히 털어 놓자면 이젠 마케도니아에 별로 관심이 없다. 워낙 멀리 떨어져 있어서 신경을 쓰기도 어렵다. 안티파테르 장군이 알아서 하겠지. 어머니가 여러모로 도움을 줄 테고.

★ 요건 몰랐을걸: 조무래기의 싸움 ★

전해 오는 이야기로, 알렉산더는 안티파테르 장군에게 자기가 이루어 낸 가우가멜라 전투의 승리에 비하면 메갈로폴리스 전투는 '조무래기의 싸움'일 뿐이라고 편지에 적어 보냈다.

광란의 밤

수사에서 동쪽으로 몇백 km 떨어진 곳에 페르시아의 또 다른 중심지인 페르세폴리스가 있었다. 페르세폴리스는 페르시아 제국의 신성한 수도로 왕들의 무덤이 있는 곳이었다. 알렉산더가 발걸음을 옮긴 곳이 바로 페르세폴리스였다. 그런데 페르세폴리스로 행군하는 도중에 페르시아 게릴라 부대의 공격을 받았다. 페르시아 게릴라들은 산꼭대기에서 바윗돌을 사정없이 굴려 보냈다.

마케도니아 부대는 아무 일 없다는 듯 페르세폴리스에 도착했다. 페르세폴리스에도 금은보화가 잔뜩 쌓여 있었다. 알렉산더는 서쪽으로 보물을 실어 보내느라 군대의 가축 외에도 낙타 3000마리를 추가해야만 했다.

바빌론과 수사에서 마케도니아 병사는 행동을 조심했다. 흥청망청 즐기기는 했으나 주민에게는 깍듯이 대했다. 특히 알렉산더는 도시를 함부로 파괴하지 말라고 단단히 주의를 주었다.

그런데 페르세폴리스에서 완전히 딴판으로 굴었다. 알렉산더의 허락 하에 병사들은 도시 곳곳에서 방화와 약탈과 살인을 저지르며 광란의 잔치를 벌였다.

알렉산더는 왜 페르세폴리스를 파괴했을까? 정확한 이유는 밝혀지지 않았지만 어쨌든 그의 업적에 커다란 오점으로 남고 말았다. 페르시아의 반란 세력이 모두 페르세폴리스에 모여 있다고 여긴 걸까? 아니면 과거 페르시아 전쟁 당시, 아테네를 태워 버린 사건에 대한 복수를 하고 싶었을까? 이유야 어찌 되었든 페르시아 백성은 알렉산더를 경멸 가득한 눈으로 바라보았다. 제르제스 궁전 역시 재만 남기고 몽땅 사라졌으니, 알렉산더가 방화를 부추겼다는 소문이 자자했다. 처음에 알렉산더는 제르제스 궁전을 박물관으로 보존하라고 명령했다. 그런데 들리는 이야기에 따르면 알렉산더는 연회에 참석했다가 정신을 못 차릴 정도로 술에 취하고 말았다. 바로 그때 부하 장군이 총애하는 아테네 여인, 타이스의 꼬드김에 넘어가 그런 짓을 저질렀다는 것이다.

알렉산더의 비밀 일기

기원전 331년 12월

아침에 눈을 떠 보니 머리는 지끈지끈 쑤시고 리라는 부서진 채 내 목에 걸려 있었다. 게다가 매캐한 냄새까지 코를 찌르니 정말 죽을 맛이다.

지난밤 일이 또렷하게 기억나진 않지만 토막토막 떠오른다. 이게 다 타이스라는 계집애 때문이다. 그 계집애가 불꽃놀이가 없으니 심심하다고 종알거렸다. 그러더니 눈을 깜박거리면서 궁전을 태우자고 졸랐다.

아리스토텔레스 선생님이 아시면 뭐라 하실지 걱정된다. 그리스인이 어찌 술에 취해 정신을 잃을 수 있단 말인가.

"언제 어디서나 절제하라."고 선생님이 허구한 날 강조하셨건만.

하지만 즐길 때도 있어야 하는 거 아니야?

아시아의 지배자

제정신으로 돌아온 알렉산더는 페르세폴리스의 열기를 피해 북서쪽의 산맥을 넘어 지금의 이란인 엑바타나로 들어갔다. 알렉산더는 70세가 된 파르메니오를 엑바타나의 총독으로 임명했다. 그리고 상당히 많은 부하를 엑바타나에 주둔시키고 몇몇 병사들을 그리스 고향으로 돌려보냈다. 눈앞에 가로놓인 첩첩산중 산악 지대를 지나려면 병사의 숫자를 줄여야 했다.

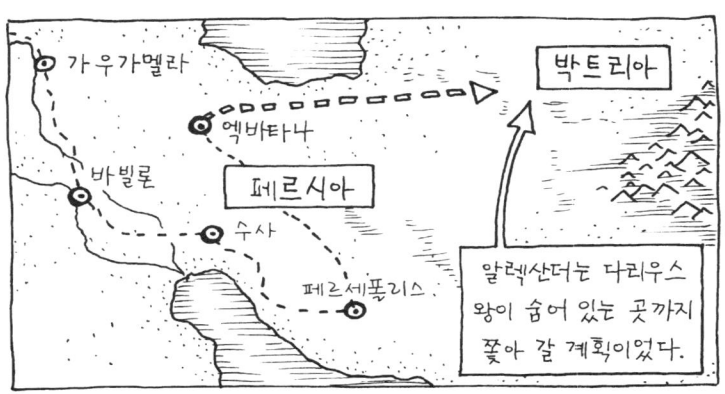

알렉산더는 자기의 적수인 다리우스를 생포한 뒤에 페르시아 제국을 정식으로 건네받고 싶었다. 그래야만 사람들이 알렉산더를 전투에 미친 잔인한 인물이 아니라 다리우스의 정정당당한 후계자로 인정할 테니까.

그런데 베수스가 다리우스를 왕위에서 끌어내렸다는 소식이 들려왔다. 그는 페르시아 기마대를 지휘했던 장군이었다. 알렉산더는 마음이 조급해졌다. 베수스는 스스로 페르시아의 왕이라고 말하면서 다리우스 왕은 포로에 불과하다며 으스댔다.

알렉산더는 당장 500명의 정예 병사를 뽑았다. 그리고 병사들에게 밤을 틈타 이란의 사막 지대를 건너가서 다리우스를 '구출' 하고 베수스를 잡아 오자며 설득했다.

그들은 전속력으로 달려갔으며 이제 베수스를 덮치는 일만 남아 있었다. 그러나 베수스는 이미 달아나서 자취를 감추었고 마차 한 대만 자리를 지키고 있었다. 그런데 마차 안에서 고통에 겨운 신음 소리가 흘러나왔다.

베수스는 포로인 다리우스 왕을 창으로 찌른 뒤 죽도록 내버려 두었다. 그러고는 말을 타고 후다닥 달아났던 것이다. 알렉산더는 부하들에게 다리우스 왕이 마실 물을 가져오도록 했으나 이미 늦은 뒤였다. 이렇게 한 시대를 풍미했던 페르시아 대왕이 마지막 숨을 거두었다.

알렉산더의 비밀 일기

기원전 330년 7월

이런 빌어먹을! 이젠 나에게 왕좌를 물려줄 사람이 없으니 아시아를 차지할 때까지 계속 싸워야 하는군. 헤파이스테이온은 나더러 다리우스의 후계자처럼 행세하라고 넌지시 귀뜸했다. 즉 복수라도 하는 척

베수스를 뒤쫓으라는 것이다(베수스를 땅끝까지라도 쫓아가리라!).

난 세계를 다스리는 지도자고 베수스는 흉악한 살인자라는 걸 자꾸 강조해야겠다. 다리우스의 장례식을 페르세폴리스에서 거창하게 치러 주리라(그러니까…그나마 멀쩡한 곳에서). "그는 적이었으나 위엄이 넘쳤으니 당연히 대우 받아야 하며…." 어쩌고저쩌고 하면서. 그렇게 해서 페르시아인의 마음을 감동시켜야지.

그리고 비통한 표정을 지으며 가장 친한 친구라도 잃은 양 무척 안타까워하는 거다.

곧이어, 다리우스가 마지막 숨을 거둘 때 나를 축복해 주었다는 소문을 퍼뜨리면 된다(어쩜 이렇게 기발한 생각이 떠오를까!).

그러나 알렉산더의 입장에서는 어이없게도 다리우스의 죽음 이후 마케도니아 군대에 엉뚱한 소문이 떠돌았다.

우린 집으로 갈 거래!
내가 확실히 들었어.
이제 곧 가족을 만날 수
있을 거야!

그동안 수천 km를 힘겹게 행군해 온 병사들로서는 그런 소망을 품는 게 당연했다. 고향을 떠난 지 4년이 훌쩍 넘었다. 이젠 페르시아 제국의 수도를 점령했으며 다리우스 왕도 저세상으로 떠났다. 집으로 돌아가 푹 쉬지 못할 이유가 뭐란 말인가? 병사들은 너도나도 고개를 끄덕였다. 눈 깜짝할 사이에 소문이 군대 전체로 퍼져 나갔다. 알렉산더만 깜깜절벽이었다.

어머니께

　차마 믿고 싶지 않은 일이 벌어졌어요. 아침에 눈을 떠 보니 짐 꾸리는 소리로 어수선하더라고요. 병사들이 집으로 돌아가려고 주섬주섬 준비를 하지 뭐예요! 저는 그들에게 남아 달라고 열변을 토했지요.

　어머니가 제 모습을 봤어야 하는데. 정말 대단했거든요. 대장을 '영광의 길 도중에' 내팽개치고 떠나도 되냐며 병사들에게 구슬픈 목소리로 물었답니다. 순간 제 뺨 위로 눈물이 주르륵 흘러내리더라고요(가슴이 뭉클하지 않나요?).

　"우리는 승리의 문턱에 서 있다." 저는 말을 이었어요. "그런데 여러분은 날 떠나려는가?" 중간중간에 과장법도 섞어 가면서 그런 식으로 계속 늘어놓았어요.

　결국 병사들은 만세로 화답하였고 나를 따르겠다는 결정을 내렸답니다.

　휴! 아무리 생각해도 제 연설 솜씨는 최고인 것 같아요.

　사랑을 가득 담아서,

　여전히 노력을 기울이는…….

　　　기원전 330년 8월
　　　알렉산더 올림

나

연설이 끝내줘요!

황제의 의상

시간이 흐를수록 연설할 일이 자꾸만 늘어났다. 알렉산더와 장군들 사이가 예전과 달리 서먹서먹해졌기 때문이다.

무엇보다 알렉산더는 페르시아 의상을 이것저것 입느라 옷차림이 날로 요란해졌다. 처음에는 다리우스의 왕실 머리띠만 두르더니 곧이어 화려하고 치렁치렁한 동양풍 옷을 걸쳤다. 급기야 페르시아 남자들 사이에서 유행하던 마스카라와 아이라인까지 칠하는 게 아닌가(알렉산더는 페르시아 바지를 괴상하다고 말하면서도 바지 차림에는 눈 화장을 곁들였다!).

알렉산더는 친구들에게 페르시아 의상을 입도록 권했으며 말들도 페르시아 장신구로 치장했다.

도대체 왜 그랬을까?

알렉산더는 어마어마하게 넓은 제국을 다스려야만 했다. 마케도니아 군대만으로 모든 일을 해결하자니 자꾸 한계에 부딪혔다. 제국을 평화롭게 이끌어 가려면 페르시아인의 도움이 필요하다는 걸 깨달았기에 그들에게 선뜻 다가선 것이다. 그들이 페르시아인처럼 행동하는 왕을 원한다면 알렉산더는 얼마든지 그럴 마음이 있었다(알렉산더는 다리우스 왕의 화려한 의상을 좋아했다. 그리고 굽이 달린 페르시아 구두를 신으면 키가 더 커 보였을 것이다!).

알렉산더와 가까운 친구들은 새로운 의상을 마다하지 않고 착용했으나 예전에 필립 왕과 함께 전투에 나섰던 나이 지긋한 장군들은 마케도니아의 전통 의상을 고집했다.

그들은 오히려 페르시아인이 마케도니아의 방식을 따라야 한다고 생각했다.

원로 장군들이 마케도니아 방식을 고수하며 불평불만을 터뜨리자, 알렉산더는 그들의 마음을 돌리기 위해 밤마다 부어라 마셔라 술잔치를 열었다. 그리고 다른 한편으로는 병사들에게 페르시아 여인과 결혼하도록 권했다. 알렉산더는 병사들이 마케도니아를 완전히 잊고 페르시아 생활에 젖어 살기를 은근히 바랐다.

알렉산더의 비밀 일기

기원전 330년 8월

이제껏 아무에게도 말하지 않았는데, 내가 과연 마케도니아로 돌아가고 싶은지 잘 모르겠다. 어머니가 보고 싶긴 한데 그 외에는 돌아갈 이유가 없다. 헤파이스테이온은 펠라 대신 바빌론에서 제국을 다스리면 된다고 말했다. 어쨌든 거기가 가운데니까 (그리고 지루하지도 않다).

하기는, <u>어디에</u> 머물지 고민할 때가 아니다. 베수스가 저 멀리 동쪽에 있는 박트리아에 자리를 잡았다.

어서 <u>쫓아가</u> 잡아 와야 한다.

나는 아직도 모험을 생각하면 발바닥이 근질거리는데 병사들은 징글징글한 모양이다.

설상가상

박트리아는 오늘날의 아프가니스탄으로 페르시아 제국의 북동쪽 끄트머리에 자리 잡은 험난한 산악 지대이다. 따라서 알렉산더 앞에는 고달픈 상황이 기다리고 있었다. 꾀가 많은 베수스는 알렉산더와 정면으로 충돌하는 걸 피했다. 알렉산더의 능수능란한 전술을 이미 겪었기 때문이다. 베수스는 산악 지대를 최대한 활용했다. 즉, 마케도니아를 막다른 길로 몰아넣은 뒤 치고 빠지기를 일삼았다.

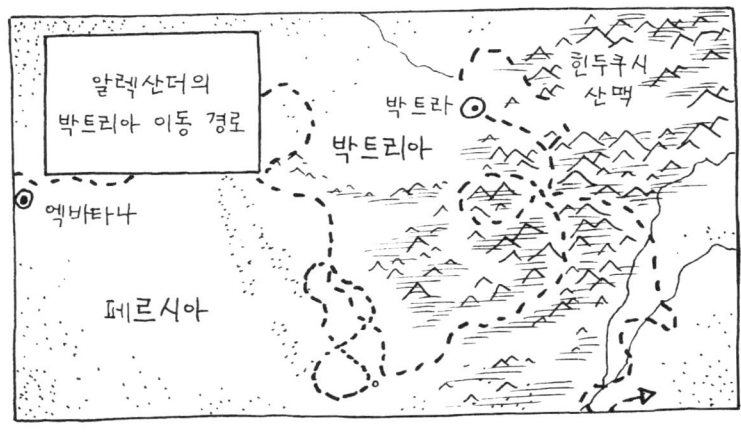

엎친 데 덮친 격으로 마케도니아인은 후방에서 일어나는 반란을 진압하기 위해 번번이 발길을 돌려야 했다. 점령지 주민들은 마케도니아 군대가 물러갔다 싶으면 자욱한 안개를 뚫고 슬그머니 나타나 뒤에 남은 주둔병을 쓱싹 해치웠다. 때로는 알렉산더에게 항복했던 지방 총독이 반란을 일으키기도 했다.

더구나 많은 병사들이 동상, 설맹(반사된 햇빛을 받아 눈에 염증이 생기는 질병-옮긴이), 발병, 고산병 등에 시달리면서 박트리아 정복은 점차 멀어지는 듯했다. 시간은 흘러 어느덧 일 년이 훌쩍 지나가 버렸다. 이런 상황에서 알렉산더의 고민이 깊어지는 건 당연한 일이었다.

상황은 점점 꼬여만 가고

병사들이 자꾸만 불만을 터뜨리자 알렉산더는 부하들의 충성심이 흔들릴까 봐 걱정스러웠다. 병사들이 음모를 꾸미는 거 아니야? 혹시 배신당하면 어떡하지?

이런 의심이 쌓이다 보니 알렉산더는 점점 괴팍해졌고 급기야 엑바타나의 총독인 파르메니오 장군이 자꾸 눈에 거슬렸다. 파르메니오는 알렉산더가 포대기에 싸여 있을 때부터 필립 왕을 따라 전투에 참여한 장군으로 마케도니아 병사들의 존경을 한 몸에 받고 있었다. 그런데 요즘 들어 파르메니오는 알렉산더를 시시때때로 비난했다. 페르시아인처럼 행세하는 알렉산더가 못마땅했기 때문이었다.

알렉산더는 파르메니오가 눈앞에서 사라지면 좋겠다고 생각했다. 그러나 병사들에게 인기가 높은 파르메니오를 무작정 잡아들일 수는 없었다. 그런데 때마침 파르메니오를 제거할 구실을 찾아냈다. 그의 아들인 필로타스가 문제를 일으킨 것이다. 필로타스는 허풍쟁이인 데다 거들먹거리는 성격이라 그다지 인기가 없었다.

어느 날, 한 젊은이가 필로타스에게 찾아와서 최근에 떠도는 알렉산더 살해 음모에 대해 귀띔해 주었다. 필로타스는 알렉산더에게 보고하겠다고
젊은이와 약속했으나 무슨 이유에선지 입을 다물었다. 알렉산더는 그 사실을 알고 나자 무릎을 치며 옳거니 했다. 알렉산더가 필로타스를 잡아들여서 모질게 고문하자, 필로타스는 아버지 파르메니오와 함께 알렉산더를 암살하려 했다는 억지 '고백'을 했다. 곧장 사형 선고가 내려졌고 필로타스는 돌에 맞아 죽었다. 알렉산더는 부하 두 사람에게 특별 임무를 지시했다.

1. 그들은 파르메니오에게 건넬 편지를 품에 넣고 낙타를 재촉하여 서둘러 사막을 건넜다. 파르메니오가 다른 사람을 통해 아들의
운명을 듣기 전에 엑바타나에 도착해야만 했다.

2. 파르메니오는 편지를 읽으며 자신의 죽음을 직감했고 알렉산더의 부하들은 칼을 번쩍 쳐들었다. 그들은 임무를 완수했다는 증거로 파르메니오의 머리를 가져다 알렉산더에게 바쳤다.

알렉산더의 비밀 일기

기원전 330년 9월

몰인정한 짓이란 건 인정한다. 파르메니오는 사실 좋은 분이었다. 그러나 케케묵은 사고방식을 지나치게 고집했다. 누구라도 내 위치에 있다면 단호한 결정을 내릴 수밖에 없다 (위대해지기란 쉽지 않다).

알렉산더가 원로 장군들 때문에 고민하긴 했으나 사실 심각한 편은 아니었다. 일반 병사들로 인해 분통을 터뜨리거나 부글부글 속을 끓이며 의심하는 경우가 더 많았다. 부하들 때문에 노심초사하던 알렉산더는 교활한 계략을 짜내기에 이르렀다.
- 알렉산더는 병사들에게 이제 곧 험난한 산악 지대로 진격할 계획이라고 통보했다. 따라서 편지 왕래가 어려울 테니 고향의 가족에게 마지막으로 소식을 보내라고 권했다.
- 그러고는 보좌관에게 편지 꾸러미를 서둘러 가져가라고 지시했다.

- 보좌관들이 길을 떠나 얼마 가지 않을 때였다. 그들을 다짜고짜 불러들이더니 편지 꾸러미를 자기 천막으로 가져 오도록 시켰다.
- 알렉산더는 밤을 새워 편지를 읽으며 부하들이 자기에 대해 뭐라고 썼는지 살펴보았다.

편지에서 알렉산더에 대해 불평을 늘어놓거나 악담을 퍼부은 병사와 장군은 모조리 새로 편성된 특수 부대로 보내졌다. 알렉산더가 마련해 둔 특수 부대는 목숨이 위태롭거나 가망성이 없는 임무만 수행했다.

알렉산더의 비밀 일기

기원전 330년 10월

기가 막힌 방법으로 의심스러운 놈들을 골라냈다. 문제는 박트리아에서 사상자가 많이 발생하여 병력이 부족하다는 거다. 그래서 과감하고 화끈한 결정을 내렸다(굳이 말하자면 내 머리가 좋은 거지). 그동안 정복했던 페르시아 지역에서 병사 수천 명을 보충하기로 했다. 어쨌든 내가 대왕이니 그들 역시 날 위해 기꺼이 싸울 것이다(마케도니아 병사들이 싫어하거나 말거나).

알렉산더가 냉정을 잃다

베수스는 북쪽으로 퇴각을 거듭했으며, 알렉산더는 박트리아 너머 소그디아나까지 쫓아갔다(지금의 우즈베키스탄과 타지키스탄이다). 소그디아나는 페르시아 제국의 가장 북쪽에 자리 잡고 있어서 제대로 아는 사람이 드물었다.

소그디아나의 통치자인 스피타메네스는 마케도니아와 충돌하기 싫어서 베수스를 잡아 알렉산더에게 넘겨주며 평화 협상을 제안했다(알렉산더는 다리우스 왕을 처참하게 죽인 베수스가 괘씸했기에, 베수스의 목숨을 가차 없이 빼앗았다). 그러나 스피타메네스는 금세 마음이 바뀌었는지 협상의 손길을 거두고 등을 돌렸다. 마케도니아 군대(이젠 페르시아 보충병이 섞인)는 새로 등장한 적을 쫓아서 먼 곳까지 오르락내리락 행군을 거듭해야만 했다.

스피타메네스는 베수스와 비슷한 전략을 구사하는 한편, 북쪽의 대평야에 사는 용감무쌍한 기마 부족으로 군대를 조직했다. 스피타메네스 군대는 동에 번쩍 서에 번쩍 신출귀몰했기

때문에 마케도니아 군대는 그들을 찾아 헤매느라 시간을 허비했다. 결국 알렉산더는 군대를 다섯으로 나누어 지역 전체를 이 잡듯 샅샅이 뒤졌다.

그러는 동안 마케도니아 군대의 사기는 날이 갈수록 떨어졌다. 알렉산더는 부하들의 충성심을 의심하던 끝에 어마어마한 실수를 또다시 저지르고 말았다. 어느 날, 밤늦도록 벌어진 잔치에서 알렉산더는 술에 취하여 연설을 늘어놓았다.

거기에 모인 사람들은 알렉산더가 두려웠기에 감히 입을 열어 아니라는 말을 하지 못했다. 그저 속으로만 구시렁거릴 뿐, 잔을 높이 들고 알렉산더의 건강을 기원했다. 그러나 클레이토스는 그대로 넘어갈 수 없었다. 알렉산더와 아주 절친한 클레이토스는 그라니코스 전투에서 알렉산더의 목숨을 구해 준 적도 있었다. 그렇지만 클레이토스가 보기에 병사들은 넌더리를 내고 있었다. 그는 그런 병사들의 심정을 십분 이해했다. 따라서 자기도 모르게 벌떡 일어나 마음속에 담아 둔 생각을 털어놓았다.

알렉산더는 노발대발 화가 나서 손에 잡히는 대로 아무거나 집어던졌다.

눈 깜짝할 사이에 주먹이 오고 갔다. 곁에서 친구들이 뜯어 말려도 소용이 없었다. 두 사람은 죽기 살기로 싸웠고 결국 알렉산더가 이 사태를 마무리 지을 무기를 집어 들었다. 그런데 아주 치명적이었다.

알렉산더는 자기가 저지른 짓을 깨닫고는 그 자리에서 뻣뻣이 굳어 버렸다. 차마 입에 담지 못할 만큼 끔찍한 사건이었다. 더 끔찍한 일은 모든 사람들이 그 장면을 똑똑히 목격했다는 것이다!

쥐 죽은 듯 고요한 상태에서 다들 눈을 어디에 두어야 할지 몰라 난감해 할 뿐이었다. 알렉산더는 아주 기가 막힌 방법으로 어색한 상황을 벗어났다. 자기 막사로 쏙 들어가 버린 것이다!

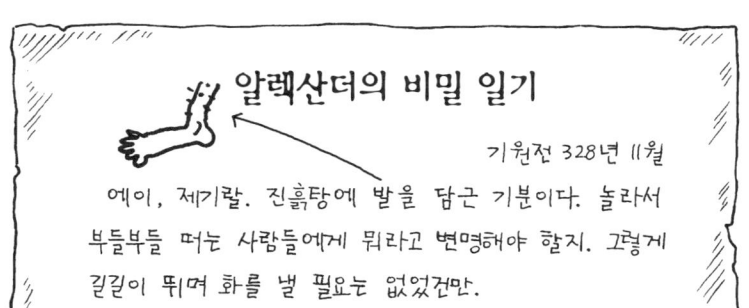

아리스토텔레스 선생님의 꾸중이 귓가에 선하다.
"네 자신도 다스리지 못하는 주제에 어찌 대제국을 감당할 수 있겠느냐?"
헤파이스테이온조차 발끈해 있는 상태다.
이제 난 어쩌면 좋담? 주변이 잠잠해질 때까지 막사에서 한 걸음도 나가지 말아야겠다. 그저 가만히 틀어박혀 리라나 뜯어야지.

알렉산더는 그 뒤 며칠 동안 식음을 전폐했다. 주변 사람들에게는 자기가 저지른 죄 때문에 너무 괴로워 차라리 굶어 죽는 편이 낫겠다고 말했다. 결국 알렉산더의 계략이 서서히 먹혀들어 갔다. 부하들은 알렉산더가 몹시 못마땅했지만 집으로 돌아가려면 누구보다 알렉산더가 필요했다. 하는 수 없이 모두 막사로 가서 알렉산더에게 제발 나와 달라고 간청했다. 이처럼 외떨어지고 위험천만한 곳에서 지휘관도 없이 남겨지는 건 싫다고 애원했다. 어차피 알렉산더는 '아시아 전체의 지도자이자 왕'(또한 신의 아들이기도 하고)이라서 모든 법 위에 존재하므로 클레이토스를 죽인 일 따위에 마음 쓰지 않아도 된다며 위로했다. 오히려 알렉산더에게 악담을 퍼부은 클레이토스야말로 죽어 마땅하다고 덧붙였다. 즉, 알렉산더가 막사에서 나와 마케도니아 군대를 끌고 승리의 길로 이끌어 준다면 그 사건을 영원히 묻어 두겠다는 의미였다. 알렉산더에게는 멋들어진 음악 소리로 들렸으리라!

세상의 꼭대기

소그디아나를 2년 동안 헤매고 다닌 끝에 마케도니아 군대는 북쪽의 부족에게서 희소식을 들었다. 그들은 스피타메네스를 처치했으며(베수스가 다리우스를 배신했고 스피타메네스가 베수스를 배신했듯이), 평화를 제안하는 의미로 스피타메네스의 머리를 보낸다는 내용이었다.

알렉산더는 자기가 북쪽 끝에 이르렀다는 사실을 널리 알리고 싶었다. 그래서 '알렉산드리아 에샤테' 요새를 소그디아나

북쪽에 세웠다. 가장 먼 알렉산드리아라는 의미였다.

그러나 소그디아나를 떠나기 전에 옥시아르테스가 지배하는 반란 부족을 처리해야만 했다. 옥시아르테스와 3만 명의 부하는 2년 동안 포위해도 끄떡없을 만큼 충분한 식량을 확보한 채 산꼭대기에 있는 소그디아나 요새에서 버티고 있었다. 그곳은 깎아지른 절벽에 위치한 난공불락의 요새였기에 옥시아르테스는 자신만만했다. 얼마나 자신감이 넘쳤는지 옥시아르테스와 부하들은 마케도니아 군대를 향해 큰소리를 땅땅 쳤다. 요새를 함락하고 싶다면 날아오르는 것부터 배우라고!

옥시아르테스의 조롱은 불난 데 부채질을 한 꼴이었다. 알렉산더는 화가 머리끝까지 뻗쳐서 병사 300명을 뽑아 특수 임무를 맡겼다. 병사들은 튼튼한 밧줄과 바위에 찍을 철로 만든 쐐기와 아주 질긴 신발을 준비했다. 이어서 옥시아르테스 부대의 감시가 소홀한 절벽을 골라 한 발 한 발 올라갔다. 쳐다만 봐도 아찔한 절벽에서 몇몇 병사는 목숨을 잃기도 했다. 그러나 동이 서서히 밝아 올 무렵, 살아남은 병사들은 소그디아나 요새의 정상에 당당히 서서 옥시아르테스 군대를 내려다보았다. 태양이 떠오르자 병사들은 알렉산더가 미리 일러 준 대로 몸에 지니고 간 흰 천을 꺼내어 이리저리 흔들었다. 옥시아르테스는

'날개 달린 사람들'의 모습에 기절초풍했고 당장 항복을 선언했다!

마케도니아인은 아무런 제지 없이 성안으로 들어섰다. 그들은 실컷 먹고 마시면서 승리를 만끽했다.

바로 그 즈음에 알렉산더가 관심을 두는 일이 있었다.

어머니께

요즘 들어 곰곰이 생각한 게 있는데, 아무래도 제 뒤를 이을 후계자가 필요할 것 같아요. 그래서 결혼하기로 마음 먹었답니다.

옥시아르테스의 딸인 록사나가 참한 아가씨라서 아내로 맞이할까 합니다(제가 페르시아 여자와 결혼하면 우리 군대의 페르시아인들은 환영할 겁니다. 물론 마케도니아 군인들은 질색하겠지만요). 우리는 내일 밤에 이 요새의 꼭대기에서 결혼할 계획입니다

(아주 아름다운 장소랍니다).

어머니가 여기에 없어서 무척 아쉬워요!

사랑을 듬뿍 담아,

(여전히 노력을 기울이면서……)

기원전 327년 봄
알렉산더 올림

세상 꼭대기에 있는 저의 새로운 군대

절절매다

알렉산더는 번갯불에 콩 구어 먹듯이 후다닥 결혼식을 해치우자마자 군대를 끌고 다시 행군을 시작했다. 그런데 새로 얻은 페르시아 아내의 영향을 받아서인지 부하들에게 독특한 동양 예절을 강요했다. 그러나 윗사람에게 머리를 조아리는 동양식 예절은 그리스인을 당황하게 만들었다.

> ### 위대한 시대 : 페르시아식 인사
>
> 페르시아인은 상대를 존중한다면 당연히 머리를 조아리며 인사해야 한다고 여겼다. 고개 숙이는 절은 윗사람이라는 걸 인정하는 몸짓이었다 (따라서 페르시아 대왕은 모든 사람에게 당연히 절을 받아야 한다). 그러나 그리스인은 언젠가 목숨이 끊어질 존재에게 절을 하지 않았다. 신이 아닌 바에야 왕에게도 절을 할 수는 없었다.

알렉산더가 만찬에 참석한 마케도니아인에게 절을 원하자, 대부분의 마케도니아인은 몹시 충격을 받았다. 알렉산더는 평등한 사이에서만 나누는 그리스식 키스도 곁들이겠다고 약속했으나 나이 지긋한 마케도니아인은 불쾌한 심정을 떨칠 수 없었다.

마케도니아인의 입장에서는 알렉산더에게 허리 굽혀 절을 하는 것은 신에게 무례한 짓을 범하는 행동과 다름없었다. 그러나 알렉산더가 자기 뜻에 따르지 않는 사람을 어떻게 처리할지는 불 보듯 뻔했다. 따라서 다들 자존심을 버린 채 재빨리 절을 하고는 옆으로 물러섰다.

 그런데 한 사람이 딱 잘라서 거절했다. 아리스토텔레스의 조카인 칼리스테네스였다. 그는 원정대에 참석한 역사가로 군대에서 인기가 높았다. 칼리스테네스는 마케도니아 원로 장군들이 구시렁대며 불평을 늘어놓을 때마다 알렉산더의 편이 되어 주었으나 이번에는 입장이 달랐다.

 알렉산더에게 그런 식으로 대하고도 살아남길 바랄 수는 없었다. 제아무리 대단한 사람의 조카라고 해도 말이다. 알렉산더는 그 자리에서 당장 칼리스테네스를 해치우고 싶었으나 이를 악물고 꾹 참았다. 그렇지만 얼마 뒤에 거짓으로 날조된 죄를 뒤집어씌워 냉큼 저세상으로 보내 버렸다. 몇몇 사람에 따르면 칼리스테네스는 교수형에 처해졌다고 한다. 혹은 칼리스테네스를 우리에 가두어 질질 끌고 다니다 굶겨 죽였다는 이야기도 떠돌았다.

땅끝까지

다리우스 왕을 시작으로 베수스와 스피타메네스가 차례대로 죽었기 때문에 알렉산더는 어느 모로 보더라도 페르시아 제국의 지배자였다. 그렇다고 알렉산더가 새로 얻은 아내인 록사나와 고향으로 돌아가 평화롭게 살 거라고 기대했다면, 그건 대단한 착각이다.

그해가 저물기 전에 알렉산더는 무려 십만을 헤아리는 군대를 이끌고 동쪽의 힌두쿠시 산맥(지금의 아프가니스탄과 파키스탄의 경계에 있는)을 넘어갔다. 알렉산더로서는 세상의 끝이라고 여겨지는 곳으로 진격한 셈이다.

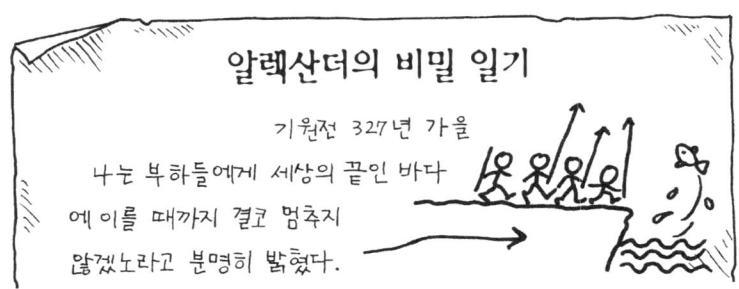

알렉산더의 비밀 일기

기원전 327년 가을
나는 부하들에게 세상의 끝인 바다에 이를 때까지 결코 멈추지 않겠노라고 분명히 밝혔다.

 그렇지만 알렉산더는 그 지역의 지리에 대해 아는 바가 전혀 없었다. 기껏해야 아리스토텔레스가 수업 시간에 일러 주었던 내용을 기억할 뿐이었다. 아리스토텔레스는 힌두쿠시 산맥의 정상에 오르면 넓디넓은 바다가 펼쳐진다고 가르쳤다. 따라서 알렉산더가 생각한 세계는 이런 모습이었다.

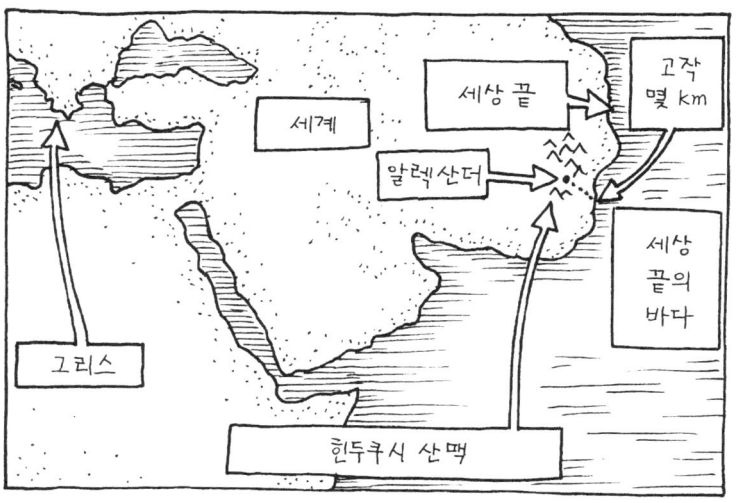

 알렉산더가 부하들에게 입이 닳도록 강조했기에 부하들은 가파른 산을 꾸역꾸역 오르고 나면 멋들어진 해변에서 꿈같은

휴가를 보낸 뒤에 집으로 돌아갈 수 있을 거라고 확신했다.

그러나 산꼭대기에 막상 올라 보니 바다가 보이기는커녕 육지만 끝없이 펼쳐져 있었다. 세상의 끝인 바다(우리가 인도양으로 알고 있는 곳)는 알렉산더의 짐작과 전혀 다르게 1600km 이상 떨어진 곳에 있었기 때문이다. 사실, 세계의 모습은 이랬던 것이다.

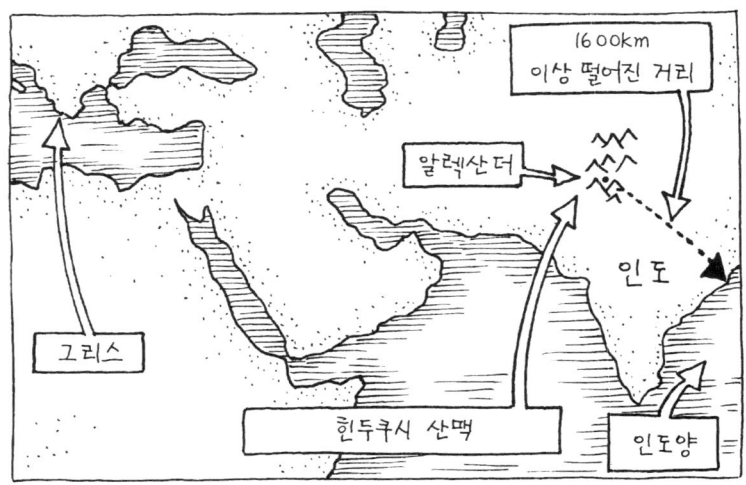

신비로운 원정

마케도니아 군대가 알렉산더의 목적지인 바다에 이르려면 인도라는 지역을 가로질러야 했다. 그리스인은 인도라는 이름을 듣긴 했으나 그곳이 얼마나 거대한 땅덩어리인지는 까맣게 몰랐다. 그저 신화와 전설이 살아 숨 쉬는 곳으로만 알고 있었다. 인도는 헤라클레스가 이리저리 방랑할 때 들렀던 곳이며 디오니소스가 방문했던 곳이다. 알렉산더는 그들의 발자취를 따르고 싶은 욕심에 부하들에게 계속 전진하자며 설득했다. 우선, 병사들의 호기심을 끊임없이 자극했다. 입이 딱 벌어질 만큼 신기하고 희한한 동식물이 가득하다는 인도 여행가들의 이야기를 빌려서 말이다.

당연히 마케도니아인은 희한한 동물의 코빼기도 볼 수 없었다. 뿐만 아니라 괴상망측한 동물들만 잔뜩 만났으니…….

게다가 몇 주일이나 쫙쫙 쏟아지는 빗줄기를 시작으로 날씨마저 이상야릇했다. 알렉산더의 부하들은 바싹바싹 타오르는

사막을 건넜고 입김이 얼어붙을 정도로 추운 산을 넘었으나 인도의 날씨에 비하면 새 발의 피였다. 병사들은 머리부터 발끝까지 흠뻑 젖은 채로 고약한 늪을 건너야 했으며 말라리아를 옮기는 모기 떼와 실랑이를 벌여야 했다. 창과 칼은 축축한 습기 때문에 녹슬었고 전투복은 뜨거운 열을 이기지 못해 희한한 꼬락서니로 변해 버렸다. 발가락이 까맣게 썩어 가더니 땀띠가 발긋발긋 온몸으로 퍼졌고 설사병이 병사들 사이에서 돌고 돌았다.

게다가 그들 앞에는 이제껏 상상도 못 해 본 격렬한 전투가 기다리고 있었다. 다른 왕들은 알렉산더에게 곧장 무릎을 꿇었으나, 인도의 한 부족의 왕인 포루스가 알렉산더에게 항복하지 않겠다고 버텼기 때문이다. 포루스가 전투를 선언한 까닭은 다 믿는 구석이 있어서였다. 알렉산더 부대는 포루스가 지휘하는 군대를 보는 순간 온몸에 소름이 오싹 끼칠 정도였다.

엎친 데 덮친 격으로 쏴쏴 쏟아진 비로 젤럼 강은 잔뜩 불어났다. 알렉산더는 질척거리는 젤럼 강둑에서 포루스와 전투를 벌였다. 얼마 지나지 않아 강둑은 진흙이 아니라 피로 질척였다. 수많은 마케도니아 병사들이 거대한 코끼리의 발에 짓밟혀 목숨을 잃는가 하면 날카로운 이빨에 몸이 찢겨 나갔다. 코끼리들은 코로 병사들을 휘감아 올렸다가 땅바닥으로 내동댕이치고는 곧이어 몸서리쳐질 만큼 무시무시한 승리의 나팔소리를 울렸다.

 그러나 알렉산더의 병사들은 코끼리 부대를 어떻게 다뤄야 할지 슬슬 깨우쳤다. 우선 창이나 화살로 코끼리 몰이꾼을 쓰러뜨리고 나서 어리바리한 코끼리의 발과 코를 마구 찔러댔다. 코끼리는 놀라고 당황한 나머지 자기편인 인도 병사들을 발로 짓뭉갰다.

 전투 상황은 알렉산더에게 유리한 쪽으로 기울었고 알렉산더의 군대는 놀라운 승리를 기록했다. 그러나 승리의 대가치고는 너무 많은 목숨이 이 세상을 떠나고 말았다. 그중에는 알렉산더의 사랑을 한 몸에 받았으나 결국 눈을 감은 경우도 있었다.

어머니께

 너무너무 끔찍한 일이 벌어지고 말았어요. 부케팔라스가 죽었어요! 오, 나의 소중한 말이여! 코끼리가 하나 둘 흩어지고 있을 때, 포루스의 아들이 칼을 번뜩이며 불쑥 나타났어요. 부케팔라스는 포루스의 아들이 올라탄 코끼리를 향해 앞다리를 치켜들다가 배에 심한 상처를 입었지요. 그래도 전투가 끝날 때까지 꿋꿋이 버티기에 괜찮은 줄만 알았어요. 그런데 오늘 아침에 먹이를 주려고 부케팔라스를 찾아가 보니 차디차게 식어 있었어요.

이제 서른 살인 부케팔라스는 저와 함께 온 세상을 누볐지요. 부케팔라스가 없으니 앞으로 어떻게 살아갈지 캄캄합니다. 젤룸 강의 근처에 도시를 세워서 이름을 부케팔라로 지으려고요.

사랑을 가득 담아서,
기원전 326년 5월
알렉산더 올림

덧붙임. 저에게 다른 말을 사주셔 봤자 소용없어요. 부케팔라스가 아니니까요!
또 덧붙임. 엉엉!

제국의 경계

그렇다고 마냥 엎드려 눈물만 흘릴 수는 없었다. 포루스와의 승리는 인도 원정의 시작이었다. 알렉산더는 강을 다시 건너고 부족을 모두 정복해서라도 머나먼 바다에 이르기로 마음먹었다. 그는 위대한 정복자이니 이제 와서 멈출 수는 없었다. 포로로 잡힌 포루스 왕

이 바다가 얼마나 멀리 떨어져 있는지 알려 주지 않았을까? 하긴 그렇더라도 뭐가 달라졌겠어?

그러나 알렉산더의 군대는 손끝 하나 까딱하기 어려울 정도로 탈진한 상태였다. 너덜너덜해진 누더기를 걸친 채 비에 흠뻑 젖기 일쑤였고, 뱀에 물릴까 봐 나무에 매달린 그물침대에서 잠을 청해야 했으며, 하루도 빠짐없이 걸어야 하는 생활이 지긋지긋했다. 귀에서 앵앵대는 모기 소리도 지겨웠고 저 앞에 야만적인 부족이 기다리고 있다는 소문도 끔찍했다. 무엇보다 온갖 장벽이 가로막는데도 무조건 밀어붙이는 알렉산더의 끝없는 야망에 넌더리가 났다. 알렉산더는 이번 언덕만 넘으면 바다가 보인다고 주장했지만 병사들은 더 이상 그 말을 믿지 않았다.

병사들은 알렉산더의 가슴속에서 만족이란 찾아볼 수 없으며, 고향으로 돌아갈 마음은 눈곱만큼도 없다는 사실을 분명히 깨달았다. 알렉산더의 목표는 새로운 땅의 정복이었다. 커다란 제국을 차지하면 뭐하나. 제대로 다스리기는커녕 또 다른 승리에만 집착할 뿐인데!

새로운 병사들이 계속해서 부대로 속속 들어왔지만 초기의 원정대원이 아직도 꽤 많았다. 그들은 무려 8년이 지나도록 알렉산더와 더불어 2만 7000km가 넘게 행군했다!

병사들은 고향으로 돌아가 가족을 만나고 두 다리를 쭉 뻗으

며 쉬고 싶었다.

거대한 강에 도착한 병사들은 건너편에서 인도 부족이 4000마리의 코끼리 전투 부대를 앞세우고 기다린다는 소문을 들었다. 순간 병사들의 입에서 그동안 쌓였던 불만이 봇물 터지듯 한꺼번에 쏟아져 나왔다. 알렉산더는 결전의 순간을 초조히 기다리는데 병사들은 무기를 내동댕이치며 강을 건너지 않겠다고 버텼다.

병사들이 뻣뻣하게 저항하자, 알렉산더는 목청을 가다듬으며 감동적인 연설을 시작했다.

안타깝게도 알렉산더의 연설은 약발이 떨어졌다. 병사들은 그런 이야기를 이미 귀가 닳도록 들어왔기에 이젠 콧방귀만 뀔 뿐이었다. 오히려 코이노스라는 병사가 과감하게 입을 열었다. 성공하려면 멈출 때를 알아야 한다고 알렉산더에게 충고한 것이다.

알렉산더는 금방이라도 반란이 일어날 듯한 조짐을 느꼈다. 늘 그렇듯이 알렉산더는 숙소에 들어가 이틀 동안 꽁꽁 틀어박혀 있었으나 이번에는 그 방법도 먹혀들지 않았다. 오히려 병사들이 돌아가려고 짐을 꾸리는 소리만 부스럭부스럭 이어졌다.

알렉산더는 난생처음 자기 뜻대로 다 이뤄지지 않는다는 사실을 깨달았다. 결국 집으로 돌아가자는 의견에 동의할 수밖에 없었다. 그렇게 알렉산더의 정복은 마침내 막을 내렸다.

알렉산더의 비밀 일기

기원전 326년 6월

에잇, 빌어먹을! 저런 찌질이들에게 기대한 내가 잘

> 못이지. 저런 자식들도 병사라고 할 수 있나? 2만 7000km를 와서는 겁쟁이처럼 징징 짜다니. 분통이 터질 뿐이다!
>
> 내가 아무리 위대하다한들 혼자서 어쩌란 말인가? 거대한 대륙의 끝이 보이는데도 고향이 그리워 더는 못 싸우겠다는 못난 얼뜨기들만 주변에 바글거리니 말이다.
>
> 어쨌거나, 내가 포기했다는 걸 세상에 알릴 수는 없다.
>
> 그래서 미리 손을 써 두었다. 계속 전진하면 좋지 않다는 예언을 역술가들의 입을 통해 끊임없이 퍼뜨렸다.
>
> 신들이 우리의 앞길을 막았다고 주장하면서 모두 신의 뜻으로 돌려야지(이렇게 기막힌 생각이 아직도 남아 있다니!).

발길을 되돌리기 전에 마케도니아인은 강둑에 거대한 그리스 신상 12개를 세웠다.

★ 요건 몰랐을걸 ★

전해 오는 이야기로는 마케도니아인이 어마어마한 요새에 거대한 시설까지 설치했다고 한다. 사람들이 요새를 보고 거인들이 세웠다고 착각하도록 말이다(과연 누구의 생각이었는지 참 궁금하다).

이윽고 알렉산더 제국의 경계를 표시하기 위해 거대한 청동 첨탑을 세우고 짤막한 문장을 새겼다.

집으로 돌아가다

알렉산더는 젤럼으로 돌아가서 병사들, 여자들, 아이들, 짐을 얹은 가축까지 한꺼번에 배에 싣고 강을 따라 바다까지 내려갈 계획이었다(알렉산더가 목표로 삼았던 세상의 끝인 바다가 아니라 아시아의 서쪽 끝에 있는 바다로).

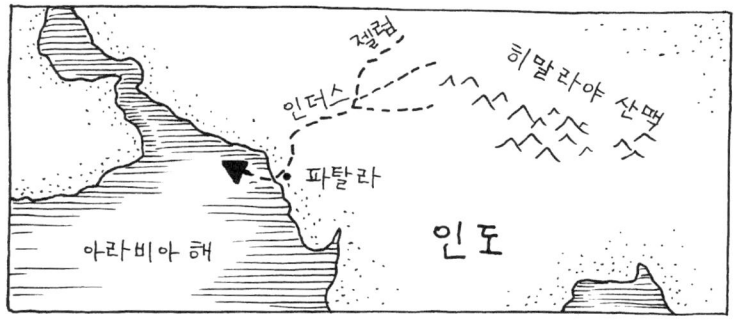

젤럼 강둑에 모여든 사람들의 숫자가 무려 12만 명에 이르렀으니(게다가 상당히 많은 짐 꾸러미까지), 알렉산더는 1000척 이상의 함대를 구해야만 했다. 배 몇 척은 지방의 부족에게서 징

발할 수 있었으나 나머지 배는 근처의 숲에서 목재를 구해 새로 지어야만 했다. 이것은 이미 기진맥진한 상태의 병사들에게는 터무니없는 요구였다(고된 업무를 끝내고 돌아오려고 하는데 비행기를 직접 만들어야 한다고 상상해 보라!).

우여곡절 끝에 새로 구성된 해군이 막 떠나려는 참이었다.

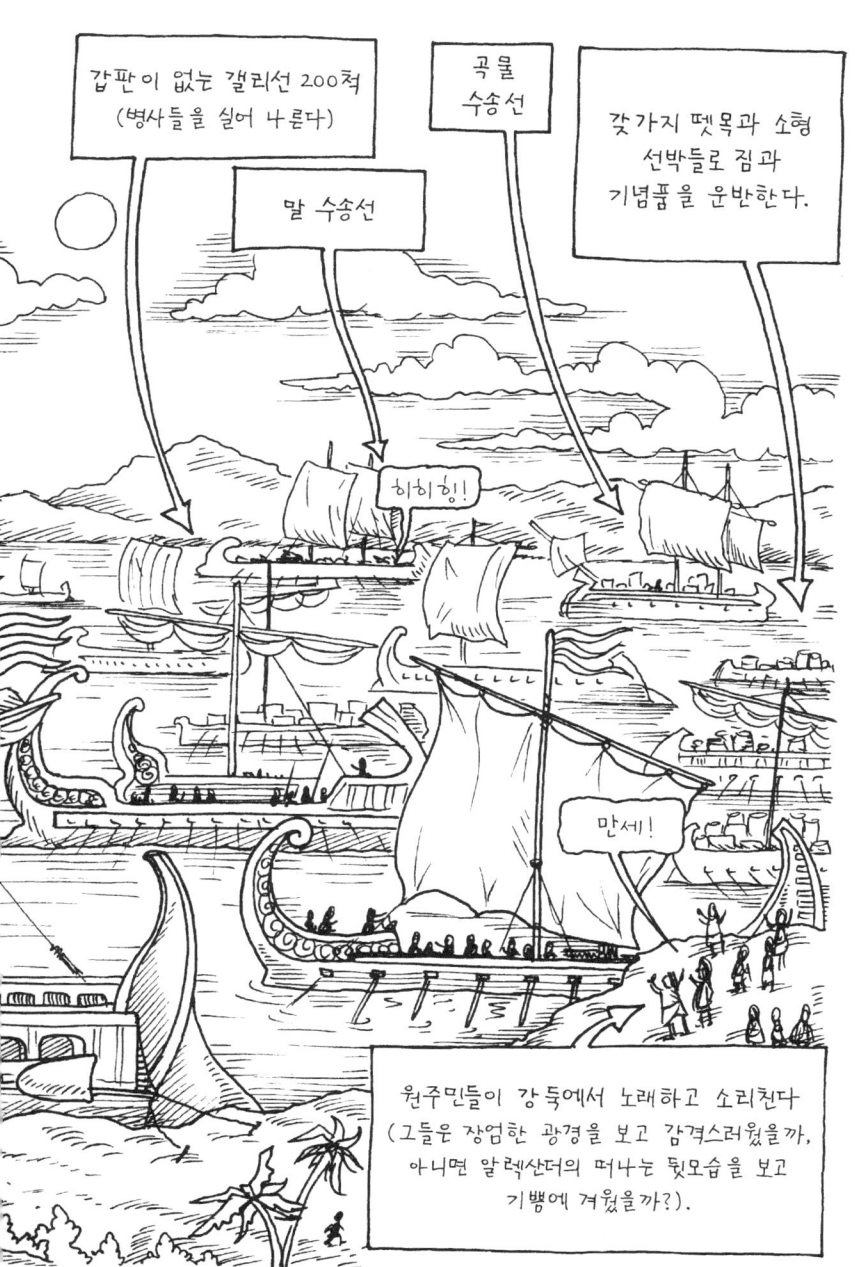

배라고 생긴 것을 무조건 동원했지만 알렉산더 부하의 절반만이 겨우 탈 수 있었다. 따라서 나머지 병사는 헤파이스테이온과 크라테로스의 지휘를 받으며 강둑을 따라 행진했다.

처음에 알렉산더는 갑판에서 궁정시인들과 역사가들이 읽어 주는 동방원정기록을 들으며 한가로운 시간을 만끽했다. 그러나 사령선이 소용돌이에 휘말려 가라앉는 바람에 자칫 위태로운 지경에 빠질 뻔했다. 수영에 젬병인 알렉산더는 그나마 동료들의 도움을 받아서 목숨을 구했다. 그런데도 알렉산더는 육지에 이어 거대한 강까지 제압했다며 목청을 높였다.

그렇다고 전투가 끝난 것은 아니다. 남쪽으로 걸어가던 마케도니아 부대는 여러 차례 전투를 거듭해야만 했다. 그러다가 알렉산더는 가슴에 정통으로 화살을 맞아, 몇 주 동안 막사 안에서 죽을 고비를 넘겨야만 했다. 병사들은 모이기만 하면 알렉산더가 세상을 떠날 거라고 수군거렸다. 알렉산더는 죽을힘을 내서라도 소문을 잠재워야 했다. 그는 억지로 말에 올라타고는 부하들 앞을 돌아다니며 아직 생생하다는 것을 보여 주었다.

우레와 같은 박수가 쏟아졌다. 알렉산더는 고통을 삼키면서 얼굴 가득히 웃음을 지었을지 모른다. 그는 비틀비틀 자기 막사로 돌아가서 정신을 잃었다.

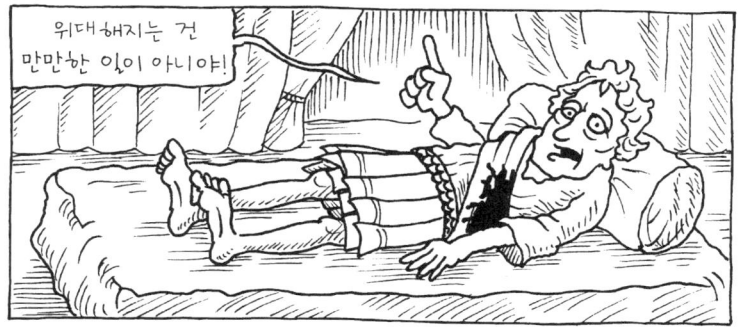

몇 주가 지났고, 강과 바다가 만나는 지점에서 알렉산더의 병세는 서서히 회복되었다. 알렉산더는 함대의 수리를 명령했다. 부하들은 파탈라에서 모두 하선하여 부두와 항구를 새로 지어야만 했다(비행기를 만들고 나자 비행장까지 지으라는 말이나 다름없다). 그 임무를 헤파이스테이온에게 맡긴 채, 알렉산더는 작은 함대를 끌고 하류 지역을 살피러 떠났다.

★ 요건 몰랐을걸 ★

전해 오는 이야기에 따르면 알렉산더는 그 여행을 하면서 희한한 경험을 했다. 바로 썰물이었다. 그리스를 감싸 도는 지중해는 썰물이 심하지 않으나 인도양에서는 썰물이 되면 물이 모조리 빠져나간다. 알렉산더와 부하들은 아침에 뒤로 나자빠질 만큼 놀랐다! 눈을 비비고 나와 보니 바다가 몽땅 사라져 버린 것이다!

물론, 몇 시간 뒤에 바닷물이 다시 파탈라로 밀려들었다.

사막의 대진격

알렉산더 군대는 앞으로 벌어질 일을 전혀 짐작하지 못했다. 그러나 아시아원정 중 최악의 상황이 그들을 기다리고 있었다. 파탈라를 출발할 때 군대의 절반은 바다를 통해 페르시아 만으로 항해하고 나머지 절반은 게드로시아의 황무지 해안을 따라 행군하기로 했다.

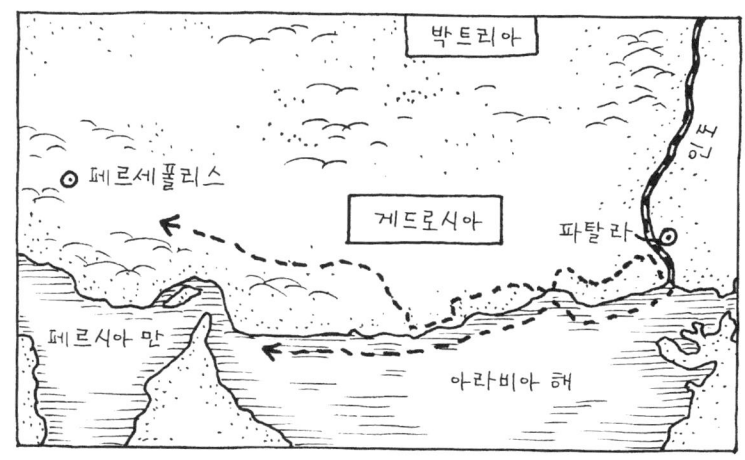

 알렉산더는 병사들 전체를 배에 태우지 않기로 했다. 보급품을 보충할 만한 항구가 해안가에 없었으므로 목적지에 이르기도 전에 자칫 식량이 부족하거나 마실 물이 바닥날 수 있었다. 알렉산더는 병사들 절반을 이끌고 육로로 이동하며 부족들과 전투를 치르기로 했다. 아울러 해군에게 필요한 우물을 파거나 식량을 모으는 일을 비롯하여 함대가 정박할 장소를 찾아내고 보급품을 마련하는 임무까지 책임졌다. 그렇지만 알렉산더의 군대가 지나가야 할 마크란 사막은 위험천만한 곳이었다. 그렇다고 뒤로 물러설 알렉산더가 아니었다.

알렉산더의 비밀 일기

기원전 325년 8월

예전에 아리스토텔레스 선생님이 페르시아의 유명한 카이로스 대왕에 대해 이야기해 주셨지. 그는 군대를 끌고 마크란을 통과했는데 남은 부하라곤 일곱 명뿐이

> 었다. 흠, 카이로스는 위대한 왕이 아니었군. 오히려 못
> 난이 카이로스라고 해야겠어. 나라면 훨씬 잘 해낼 자
> 신이 있다('최고가 되기 위해 노력하라.'는 고향으로 돌아가
> 는 중에도 나의 좌우명이다).
> 　어쨌든 우리는 사막을 건너본 경험이 있으니까
> (가파른 산맥과 거친 강과 그밖에 온갖 지역
> 을 뚫고 나왔다).
> 　그러니 괜히 겁먹을 필요가 없다.
> 그래 봤자 고작 모랫더미 아니겠어?

처음에는 일이 그럭저럭 풀려나갔다. 알렉산더의 부하들은 해안에서 멀리 벗어나지 않았기에 길을 잃을 염려가 없었다. 기껏해야 고래 뼈로 만든 집에서 생선 냄새를 폴폴 풍기며 살아가는 석기 시대 원주민을 만난 게 가장 고약한 경험이었다.

그러나 날이 갈수록 사태가 심각해졌다. 해안 쪽으로는 산악 지대가 가로막고 있어서 알렉산더와 부하들은 육지 안쪽과 사막으로 빙 돌아가야만 했다.

　그들은 금세 모래폭풍우에 갇혀 길을 잃었으며, 마실 물과 생필품은 바닥을 드러냈다(함대에 필요한 보급품도 마련할 수 없었기에 함대 역시 쫄쫄 굶는 수밖에 없었다). 며칠이 지나자 많은 사람들이 뜨거운 태양을 견디지 못하고 픽픽 쓰러졌다. 짐을 실은 가축과 마차는 파도가 밀려오는 수평선처럼 끝없이 이어진 모래 언덕에 푹푹 빠져들었다.

　병사들은 신발에 들어간 뜨거운 모래 때문에 고통에 겨워 비명을 질렀다. 개중에는 독사에 물려 비참하게 목숨을 잃거나 독성식물에 찔렸다(전해 오는 이야기에 따르면 독즙을 내뿜는 식물 때문에 눈이 멀기도 했다!).

병사들은 거무튀튀한 물이 고인 웅덩이를 발견했다. 그런데 목이 너무 마른 나머지, 쉬지 않고 들이다 마시느라 목숨을 잃은 경우도 상당히 많았다.

알렉산더의 비밀 일기

기원전 325년 10월

솔직히 말해서 좀 힘들긴 하다. 병사들이 허수아비처럼 맥없이 쓰러지고 있다(어차피 변변치 못한 놈들로 나머지는 그나마 멀쩡하다).

그들은 입버릇처럼 같은 말만 되풀이한다. '이젠 다 왔나? (나도 길을 잃어서 잘 모르거든)'

조그마한 웅덩이를 찾긴 했는데 거의 말라붙어 있었다. 기껏해야 투구에 한 번 담을 물만 남아 있었다. 병사 한 명이 비틀비틀 다가와서 물이 담긴 투구를 내밀었다.

난 목이 바싹바싹 탔으므로 꿀꺽꿀꺽 마시고 싶은 마음이 굴뚝같았다. 그러나 위대한 지휘관은 언제든지 희생할 각오를 해야 한다는 말이 떠올랐다. 그래서 투구를 내밀고는 물을 모래 위에 쏟아 버렸다 (부하들의 사기를 높이려면 이처럼 과장된 몸짓이 가끔 필요하다!).

그나저나 나에게 물을 가져 온 병사는 참 안 됐다. 그 자리에서 픽 쓰러지고 말았다(어쩌면 욕심을 버린 내 행동에 감동했는지도 모르지).

결국, 두 달 동안 사막을 이리저리 헤매고 나서야 알렉산더는 해변으로 가는 길을 찾아냈다. 알렉산더는 인정하기 싫겠지만 사막에서 겪은 일은 최악이었다. 군대를 따라온 여자와 아이들 수천 명이 갑작스런 홍수로 목숨을 잃었다. 알렉산더의 뒤를 따르던 8만 5000명 중에서 겨우 사분의 일만 살아남았다.

그렇지만 위대하다고 널리 알려진 카이로스보다 내가 훨씬 낫거든!

한꺼번에 올린 결혼식
(그리고 장례식 두 번)

알렉산더는 마크란에서 어려운 일을 겪었기에 그리 유쾌한 기분이 아니었다. 더구나 수사 근처에서 만나기로 한 네아르코스와 함대는 그림자조차 보이지 않아서 이만저만 불안한 게 아니었다.

알렉산더의 비밀 일기

기원전 325년 11월

도대체 무슨 일일까? 길을 잃거나 바다에 빠진 건 아니겠지? 그런 내용을 역사에 남기는 건 바람직하지 않아! 사막의 대실패까지 겪었는데(난 대실패라고 말하고 싶지 않으나 몇몇 사람은 그렇게 생각하는 모양이다).

함대가 먼저 지나간 건 아닐까? 우리가 사막에서 시간을 질질 끌긴 했거든. 어쩌면 우리가 몽땅 죽은 줄 알고 그냥 떠났을지도 모르지. 흠, 갑자기 불쾌해지는군. 나를 못 믿는다는 뜻이잖아.

그런데 원정대가 머나먼 동쪽 끝을 탐험하는 동안에 페르시아 제국의 심장부는 제대로 돌아가고 있었을까? 드디어 알렉산더의 귀에 소식이 슬슬 들려왔다. 알렉산더가 총독으로 임명한 수많은 사람들이 호화판으로 날마다 연회를 열거나 왕실 금고에서 돈을 훔치는 등 알렉산더를 기만했다는 내용이었다.

총독 몇몇은 사병들을 거느리며 제멋대로 지방을 다스렸다. 바빌론의 왕실 보물 관리인은 평생 먹고살 금은보화를 빼돌린 뒤에 자기 휘하의 사병을 끌고 달아났다.

알렉산더는 붉으락푸르락 화를 내며 모든 사태를 삽시간에 정리했다. 우선 각지에 흩어진 총독과 사령관들에게 군대를 해산하고 카르마니아로 모이라는 편지를 보냈다. 알렉산더는 그들을 대부분 잡아 가두었으며 엄한 처벌을 내렸다. 사형당한 사람을 손으로 꼽기 어려울 정도였다.

알렉산더는 비어 있는 자리에 페르시아의 귀족 등 새로운 인물을 총독으로 임명했다(알렉산더는 자기 나라의 사람들보다 페르시아인을 더 믿음직스러워했다).

알렉산더가 기운을 내다

마침내 네아르코스가 모습을 드러내긴 했지만 고작 다섯 명을 데리고 나타나자 알렉산더는 배가 모두 침몰한 걸로 짐작했다. 그러나 알고 보니 함대는 큰 손상을 입지 않았으며 가까운 항구에 닻을 내린 채 수리 중이었다. 알렉산더는 그 보고를 듣고서야 가슴을 쓸어내렸다. 네아르코스는 알렉산더에게 고래 떼에게 쫓긴 이야기 등 모험담을 하나하나 풀어놓았다. 그래도 네아르코스와 부하들은 그럭저럭 잘 지낸 편이었다. 그들은 해안에서 먹을 것을 구할 수 있었기에 마크란 사막을 행군한 병사들처럼 처절한 순간을 맛보진 않았다.

알렉산더는 함대의 무사 귀환을 축하하며 그리스 전통에 따라 신에게 희생 제물을 바치고 술을 잔뜩 베풀었다. 또한 운동 경기 시합과 음악 대회를 열었다.

사막에서 겪은 끔찍한 고난으로 인해 알렉산더는 한동안 의기소침해 있었다. 그러나 해군과 무사히 만난 데다 파렴치한 총독들을 사형시키고 나자 기분이 한껏 좋아졌다. 알렉산더는 흐뭇한 마음에 병사들의 빚을 모두 갚아 주겠다고 선언했다(지난 몇 년간 꿀꺽꿀꺽 마셔 버린 포도주 값까지 포함해서 말이다!). 심지어 페르시아의 용병으로 싸웠던 그리스인까지도 용서해 주었으며 잘 대접해 집으로 돌려보냈다. 그러고는 이제껏 마음에 품었던 갈등까지 말끔히 정리했다.

마케도니아 일보

아시아 전역에 보급 중(험난한 산악 지방을 제외하고)
기원전 324년 여름

"알렉산더는 신이다" 공식 발표

몇 년간 심사숙고한 끝에 다음 사실을 인정하게 되었다.

마케도니아의 알렉산더 대왕은 신이다.

올해의 올림픽 경기 개막식에서, 그리스 도시 국가의 지도자들이 자리한 가운데 공식 발표가 이루어졌다. 그날 이후로 알렉산더 대왕의 공식 명칭에 '신'을 덧붙이게 되었음을 널리 선포하는 내용이었다 (파라오와 전 아시아의 지배자라는 공식 명칭에).

현재, 알렉산더 대왕은 원정 중이라 소감을 밝히지 못했다.

다음은 알렉산더의 어머니인 올림피아스(47세) 왕비의 의견이다. "난 '예상했던 일이다'라는 말을 별로 좋아하지는 않는다. 하지만 알렉산더가 뭔지 모르게 특별하다고 늘 생각해 왔다."

올림피아스 왕비는 "예상했던 일이다."라고 말했다.

도시 국가의 정치가들은 그 발표에 분개했으며 몇몇 사람은 조롱하며 웃어댔다. 도대체 알렉산더는 자기를 뭐라고 생각할까?

알렉산더는 원정을 떠나며 마케도니아를 안티파테르에게 맡겼다. 그런데 안티파테르 역시 망치로 한 대 얻어맞은 느낌이었다. 더구나 안티파테르는 요즘 들어 몇 가지 일 때문에 심기가 무척 불편했다.

- 우선 안티파테르가 대규모의 전투를 벌인 끝에 그리스 도시 국가의 반란 세력을 진압했는데도 알렉산더는 자기의 전투에 비하면 '조무래기 싸움'이라며 무시하는 글을 보냈다.
- 또한 안티파테르가 나랏일을 처리할라치면 알렉산더의 어머니인 올림피아스 왕비가 사사건건 트집을 잡으며 간섭을 했다. 올림피아스 왕비는 툭하면 감 놔라 대추 놔라 잔소리를 늘어놓았고 알렉산더에게 안티파테르의 행동을 고자질하기 일쑤였다.
- 게다가 안티파테르의 사위(이름이 역시 알렉산더인)는 역적 행위라는 죄로 사형을 당했다. 이 사건 역시 올림피아스 왕비가 알렉산더를 부추겼기 때문이다.

따라서 안티파테르는 알렉산더가 신으로 인정받고자 한다는 이야기에 부르르 치를 떨었다. 더구나 워낙 철저하고 고지식한 성격이라 파격적이거나 상식에 어긋나는 행동을 참지 못했다. 그러니 그처럼 괴상망측한 생각에 대해 눈살을 찌푸릴 수밖에. 알렉산더가 위대한 정복자인 것은 확실하지만, 아무리 그렇더라도 결국 인간이 아니던가(그가 저지른 실수만 봐도 딱 알 수 있다).

그렇지만 알렉산더의 의견은 완전히 달랐으니…….

또 삐치다

알렉산더와 부하들의 사이가 악화되는 바람에 오피스(지금의 바그다드)에서 자칫 두 번째 폭동이 일어날 뻔했다. 알렉산더가 약 만여 명의 마케도니아 병사들에게 고향으로 먼저 돌아가라고 명령하자 불만이 터져 나온 것이다.

병사들은 자기들의 위대한 지도자와 함께 영웅 대접을 받으며 고향으로 돌아갈 꿈에 부풀어 있었다. 지금껏 그런 광경을 얼마나 그려 보았던가.

그런데 알렉산더가 함께 돌아가지 않는다고? 그렇다면 영웅 대접은커녕 퇴역 병사로 몰락하여 쓰레기 취급을 당하기 십상이었다.

병사들은 마케도니아가 예전의 영광을 잃었다는 사실을 깨달았다. 알렉산더는 마케도니아에 흥미를 잃은 듯했다. 혹시라도 바빌론이 제국의 수도가 된다면 마케도니아는 세월의 뒷전으로 밀려날 것이다. 알렉산더는 마케도니아를 발판으로 페르시아 제국을 정복했다. 그런데 병사들이 보기에는 페르시아 제국이 알렉산더를 정복한 것 같았다. 페르시아인을 총독으로 내세워 제국을 다스리더니 이제는 군대마저도 수천명의 페르시아 병사들로 바글대고 있었다. 마케도니아인은 수년간 봉사해 왔건만 대가도 제대로 받지 못하고 고향으로 돌아가야 할 판이었다. 알렉산더가 그들을 헌신짝처럼 내버렸기 때문이다.

병사들은 거기까지 생각이 미치자 울화가 치밀었다. 그들은 무기를 내던진 채 꼼짝도 않고 버텼다.

마침내 (자기 막사에서 살짝 삐져 있던) 알렉산더는 병사들의 마음을 돌리기 위해 위대한 연설을 시작했다.

- 우선 알렉산더는 병사들이 아버지 필립 왕의 시절부터 받은 은혜에 대해 짚고 넘어갔다.

- 이어서 자기의 업적을 재빨리 상기시켰다.

- 그는 병사들에게 은혜도 모른다며 실컷 꾸짖은 다음에, 자기는 페르시아인에게 의지하며 살아가겠다고 덧붙였다. 그러고는 화를 벌컥 내면서 막사 안으로 들어가 버렸다.

알렉산더의 행동은 효과가 만점이었다. 마케도니아인은 눈물을 뚝뚝 흘리며 막사 안으로 들여보내 달라고 애걸복걸 간청했다. 알렉산더가 그동안 베풀어 준 은혜(비록 발은 문드러졌어도)에 얼마나 감사하고 있는지 밝히겠다는 것이다. 머리가 희끗희끗한 병사들의 눈물 콧물 흘리는 모습에 알렉산더조차 바로 울음을 터뜨렸다. 결국 모두들 얼싸안으며 화해를 하기에 이르렀다(아마 키스도 했을 것이다).

알렉산더는 다시 두터워진 우정을 기념하는 뜻에서 거대한 연회를 열라고 명령했다. 폭동을 꾀했던 병사들은 알렉산더와 나란히 앉아서 왕실 포도주잔으로 술을 마시는 영광을 누렸다. 페르시아 병사도 초대를 받긴 했으나 그들은 썩 좋은 자리를 차지하지 못했다.

마케도니아 병사들은 조금 특별한 대우를 원했을 뿐이었다. 연회가 끝나자 알렉산더는 계획대로 그들을 고향으로 돌려보냈다. 그리고 그들이 가는 길에 크라테로스를 함께 보냈다. 알렉산더는 크라테로스에게 안티파테르의 자리를 빼앗은 뒤에 안티파테르를 바빌론으로 보내라고 지시했다. 크라테로스가 길에서 잠시 지체하자 안티파테르는 아들인 카산데르를 바빌론으로 대신 보내고 자기는 집 밖으로 아예 나오지 않았다. 알렉산더의 어머니가 알렉산더를 구슬려서 자기의 목을 치게 할까 봐 두려웠겠지.

"예, 예, 그리고 저 사람들도 마찬가지요!"

그로부터 얼마 뒤, 수사에 머물던 알렉산더는 마케도니아와 페르시아를 뭉치게 할 새로운 묘안을 짜냈다.

알렉산더는 함께 있던 마케도니아의 장군 100여 명에게 페르시아 귀족 가문의 여성과 결혼하라고 명령했다. 결혼식은 모두 같은 날이었다. 심지어 알렉산더 역시 아내가 있었으나 외모가 빼어난 페르시아 여자 두 명(그중 한 명은 다리우스 왕의 딸)과 다시 결혼했다.

헤파이스테이온 역시 다리우스 왕의 다른 딸과 결혼을 했다. 성대한 잔치는 무려 닷새 동안 계속되었다!

미래를 생각하며

알렉산더는 지루하고 고리타분한 마케도니아로 돌아갈 계획은 없었으나 그렇다고 바빌론에 정착할 생각도 없었다. 제국을 새롭게 건설하려면 할 일이 산더미였지만 알렉산더는 진득하니 눌러앉을 마음은 털끝만큼도 없었다. 그의 마음속에는 오직 모험에 대한 원대한 계획뿐이었다.

앞으로의 목표
- 더 많은 탐험 – 아라비아나 아프리카나 유럽 등등
- 더 많은 정복 – 아라비아나 아프리카나 유럽 등등
- 더 많은 노력 – 최고가 되기 위해서 등등

그러나 그의 계획은 아무도 예상하지 못했던 사건으로 인해 흔들렸다.

어느 날, 알렉산더는 포도주의 신인 디오니소스 축제를 기념하는 뜻에서 연회를 열어 흥청망청 먹고 마셨다.

띠잉!

별안간 헤파이스테이온이 바닥으로 고꾸라지면서 몸져눕더니 열이 펄펄 끓었다.

의사는 일주일간 음식을 삼가라는 처방을 내렸고 헤파이스테이온은 점차 회복되었다.

그런데 어느 날 아침, 일찍 눈을 뜬 헤파이스테이온은 의사의 충고에도 불구하고 삶은 닭 한 마리와 차가운 포도주 한 통을 해치웠다.

결국, 헤파이스테이온은 병세가 악화되었으며 이번에는 자리에서 일어나지 못했다.

마케도니아 일보

아시아판 – 기원전 324년 10월

헤파이스테이온 사망
제국이 애도하다

오늘부터 제국 전체가 대왕의 가장 친한 친구의 죽음을 공식적으로 애도하는 바이다. 헤파이스테이온 장군은 오랫동안 마케도니아 군대를 이끌었으며 알렉산더 대왕 곁에서 조언을 아끼지 않았다. 그는 오늘 아침에 세상을 떴는데 사망 원인은 열로 인한 합병증으로 추측된다.

알렉산더 대왕은 그 소식에 망연자실했다. 궁정의 정통한 소식통에 의하면 왕은 헤파이스테이온의 시체에 몇 시간이고 엎드려서 아기처럼 엉엉 울었다고 한다.

애도의 표시로 왕은 자신의 머리를 깎고 말의 갈기를 잘라 냈으며 당분간 음악 연주를 금지했다.

헤파이스테이온의 시체는 향료를 바른 뒤 바빌론으로 보내졌으며 곧이어 최고의 장례식이 거행될 예정이다.

알렉산더 대왕은 제국의 각 지방에 소식을 전달했으며 장

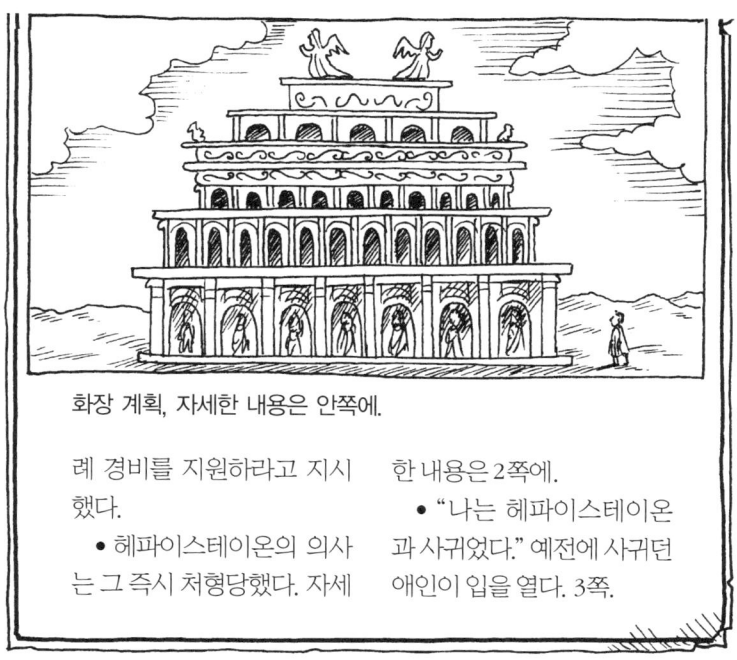

화장 계획, 자세한 내용은 안쪽에.

례 경비를 지원하라고 지시했다.
 • 헤파이스테이온의 의사는 그 즉시 처형당했다. 자세한 내용은 2쪽에.
 • "나는 헤파이스테이온과 사귀었다." 예전에 사귀던 애인이 입을 열다. 3쪽.

알렉산더는 헤파이스테이온의 죽음에 하늘이 무너지는 충격을 받았다. 따라서 예전의 생활로 쉽게 돌아가지 못했다. 정복에 나서려고 준비하면서도 우울증에서 헤어나지 못한 채 하루 종일 멍하게 앉아 있거나 고주망태가 되도록 술을 마셨다. 게다가 곳곳에서 불길한 징조를 발견했다.

어머니께,

요전 날, 새로 만든 아라비아 함대에 몸을 싣고 유프라테스 강을 시험 삼아 항해했어요. 그런데 갑자기 세찬 바람 때문에 왕실 모자가 날아갔습니다.

전 대수롭지 않게 여겼어요. 손수건이라도 묶어서 대

> 신 사용하려는데 누군가 손가락으로 가리키더군요. 고개를 돌려보니, 내 모자가 갈대에 걸려 있고 바로 옆에 아시리아 왕들의 무덤이 있지 뭡니까. 가만히 앉아서 이런 생각에 빠지고 말았어요. 저게 무슨 뜻인지 확실해.
>
> 　다음은 내 차례야. 나도 헤파이스테이온처럼 죽어서 저 고대의 왕들처럼 묻히려나 보다!
>
> 　　　　　　　　　기원전 323년 봄
> 　　　　　　어머니의 걱정 많은 아들,
> 　　　　　　　　　　알렉산더 올림

　바빌론으로 돌아와서 얼마 지나지 않아 알렉산더의 두려움은 현실로 드러났다.

　어느 날 밤, 알렉산더는 네아르코스를 축하하는 연회에 참석했다. 연회가 끝난 뒤에 알렉산더는 다소 울적해진 마음을 안고 잠자리로 향하던 참이었다. 몇몇 친구들이 알렉산더에게 밤늦도록 함께 놀자며 부추겼다. 우울한 기분을 떨치려면 밖으로 나가 신나게 놀아야 한다는 친구들의 말에 알렉산더는 순순히 따랐을 것이다.

알렉산더는 숙소의 침대로 옮겨졌다. 그런데 이튿날이 되자 열이 나면서 지독한 고통을 호소했다. 다음 날 저녁이 되자 알렉산더는 다시 술을 마시고 음식을 먹었다. 이번에는 열이 펄펄 끓어올랐다. 이윽고 자리에 드러누워 장군들에게 하루 일과를 지시하는 지경에 이르더니, 날이 갈수록 가망이 없어 보였다. 알렉산더가 위독하다는 소문이 떠돌자 마케도니아 병사들이 궁정 앞으로 몰려들었다. 그들은 알렉산더 대왕에게 마지막 경의를 표하려고 벽을 기어올랐다(병사들이 너무 많이 모여드는 바람에 벽에 구멍을 뚫어야 했다).

장군들은 꼭 물어보고 싶은 질문이 있어서 입이 근질거렸다. 과연 후계자를 뽑아 놓았을까?

위대한 시대: 왕위 계승권

알렉산더의 이복형인 아리데우스 왕자가 좀 모자란 구석이 있긴 했으나 왕위 계승 1순위였다. 그러나 아리데우스 왕자 혼자 제국을 다스린다는 것은 어림 반 푼 어치도 없었다. 다행히도 알렉산더의 페르시아 아내인 록사나가 아이를 임신 중이었다. 그러나 아직은 뱃속의 아이가 아들인지 딸인지는 모를 일이었다. 게다가 아들이라고 해도 성장하여 나라를 다스리기까지는 시간이 꽤 걸릴 것이다. 그러므로 알렉산더의 장군 중에 한 사람이 제국을 다스릴 수밖에 없었다. 그렇다면 과연 누구일까?

알렉산더는 워낙 경쟁을 즐겼기에, 부하 장군들이 왕관을 차지하려고 격렬하게 싸울 줄 알면서도 후계자를 끝끝내 밝히지 않았다. 사실 이런 방법으로는 그가 세운 제국을 온전히 유지하기가 어려웠다. 그러나 알렉산더다운 결정이었다.

★ 요건 몰랐을걸: 알렉산더는 살해당했나? ★

과연 알렉산더의 지나친 음주가 죽음을 부른 것일까? 모든 사람들이 그 의견에 동의하는 건 아니다. 알렉산더가 말라리아나 다른 병에 걸려서 죽었다고 추측하는 사람들도 있다. 또는 알렉산더가 교묘하게 독살되었다는 주장을 펴기도 한다. 알렉산더가 눈앞에서 사라져 주길 바라는 사람이 한둘이 아니었으니까. 주요한 용의자를 꼽는다면······.

안티파테르
알렉산더와 올림피아스에게 조롱받는게 지긋지긋했으며 지위와 목숨을 빼앗길까 봐 조마조마했다. 더구나 알렉산더가 스스로 신이라고 내세우자 도저히 참을 수 없었다.

카산데르
안티파테르의 아들로 야심이 큰 청년이었으며 왕이 되기를 꿈꾸어 왔다 (카산데르가 알렉산더에게 절하는 사람들을 보고 깔깔 웃자, 알렉산더는 카산데르의 머리를 벽에다 세게 찧었다).

크라테로스와 페르디카스
야심만만한 마케도니아 장군들로 알렉산더의 왕위를 계승하고 싶어 했다.

아리스토텔레스(그럴 수도 있다!)
스스로 신이라는 알렉산더의 주장에 머리 끝까지 화가 난 데다, 페르시아 풍습에 젖어 있는 알렉산더가 영 못마땅했다. 또한 조카인 칼리스테네스가 죽음을 맞이한 일로 몹시 분개했다. 어떤 사람들은 아리스토텔레스가 안티파테르와 그의 아들과 손을 잡고 과학적인 지식을 동원해 독약을 섞었을 거라고 주장한다.

알렉산더가 죽은 뒤에

 알렉산더의 시체는 썩지 않도록 향료를 바른 뒤에 장엄한 장례식 절차에 따라 이집트로 향했고 거기에 묻혔다(그러나 안타깝게도 정확한 무덤의 위치는 밝혀지지 않았다).

 알렉산더는 32살의 젊은 나이에 죽음을 맞이했으나, 세상의 끝이라고 알려진 곳까지 발자국을 남겼고 어마어마한 제국을 이룩했다. 군대를 이끌고 산을 넘고 사막을 가로질렀으며 강과 바다를 건너갔다. 가능성이라고는 눈곱만큼도 없는 상태에서 승리에 승리를 거듭했다. 게다가 이 모든 걸 10년도 안 되는 기간에 이루어 냈다. 따라서 알렉산더의 이름이 여태껏 사람들

입에 오르내리는 것도 당연하다. '메가 알렉산더', 그리스어로 '알렉산더 대왕'이라는 뜻이다.

알렉산더는 제국을 건설하는 능력만 뛰어났을 뿐 다스리는 데는 소질이 없었다. 결국 알렉산더의 제국은 오래 가지 못했다. 서로 자기가 후계자라며 옥신각신 다툼이 끊이지 않았기 때문이다. 바로 이런 일이 벌어졌으니,

- 록사나의 뱃속 아기는 아들이었으며, 아버지 이름을 따서 알렉산더라고 지었다. 처음에는 록사나의 아들과 알렉산더의 이복 형인 아리데우스가 제국을 함께 통치했다.

- 그러나 진짜 권력은 안티파테르의 수중에 있었다. 안티파테르는 록사나의 아들과 아리데우스를 대신하여 제국을 이끌다가 기원전 319년에 사망했다.

- 그 뒤를 이어 안티파테르의 아들인 카산데르가 제국을 다스렸는데 알렉산더의 어머니인 올림피아스의 충고에 따라 아리데우스와 그 부인을 죽였다.

- 카산데르는 올림피아스의 간섭이 지겨워서 올림피아스를 살해했다(이제까지 있었던 일을 돌이켜보면 올림피아스는 죗값을 치른 셈이다).

- 곧이어 어린 알렉산더(알렉산더 대왕의 아들로 13살인)와 그의 어머니인 록사나 역시 카산데르의 손에 죽음을 맞이했다.

끝까지 남은 카산데르와 알렉산더의 충성스런 몇몇 장군들은 '후계자의 전쟁'에서 살아남기 위해 물불 가리지 않고 치열하게 싸웠다.

싸움이 어느 정도 가라앉긴 했으나, 알렉산더의 제국은 이리저리 찢겨졌다. 제국을 나눠 가진 이들은 스스로 왕이라고 칭

하며 그 지역을 다스렸다.

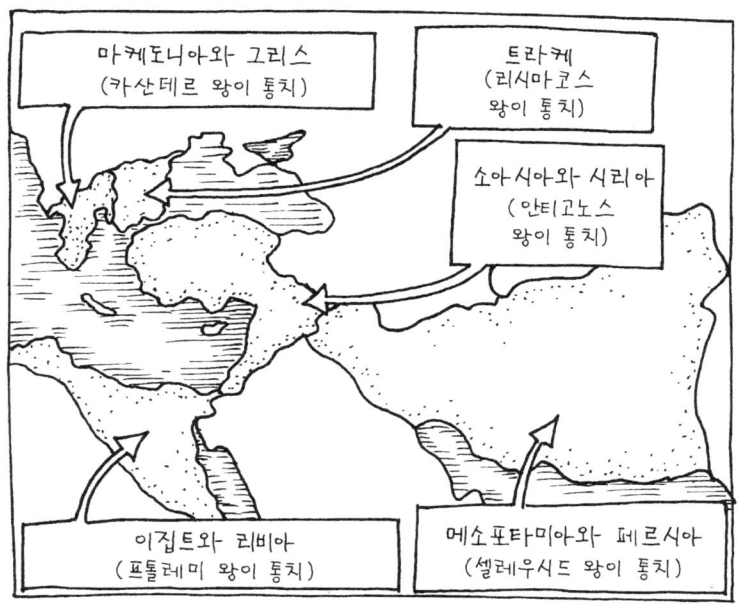

 알렉산더가 세상을 떠나자 도시 국가들의 저항은 날로 거세졌다. 그럼에도 불구하고 마케도니아는 여러 해 동안 그리스 전역을 장악했다. 그리스 왕들이 곳곳을 다스리는 데다가 알렉산더가 도시를 세운 덕분에 그리스어와 그리스 사상은 아시아와 훗날의 중동으로 퍼져 나갔다. 그러나 인도의 경우 '시칸데르'라는 영웅의 전설적인 이야기만 남아 있을 뿐 알렉산더가 정복한 흔적을 찾아보기 어렵다. 전 세계에 단 하나의 제국을 건설하려는 알렉산더의 야망은 그렇게 끝이 났으며 몇백 년이 흘러서야 로마가 그 꿈을 이어받았다.
 로마인은 알렉산더의 모험 정신을 높이 샀으며 수많은 황제들이 알렉산더를 본보기로 삼았다. 그러나 알렉산더는 모든 사

람에게 존경을 받는 인물은 아니었다. 페르시아에서 알렉산더는 '저주의 이스칸데르'로 알려졌다. 누군가에게 알렉산더는 두 개의 문명을 결합시킨 훌륭한 정복자이겠지만, 어떤 이들은 알렉산더를 고통과 고난을 몰고 오는 피에 굶주린 괴물로 여기기도 했다. 그러나 알렉산더를 흠모하는 사람이건 질색하는 사람이건 하나같이 알렉산더가 역사상 유명한 인물이라는 데는 고개를 끄덕인다.

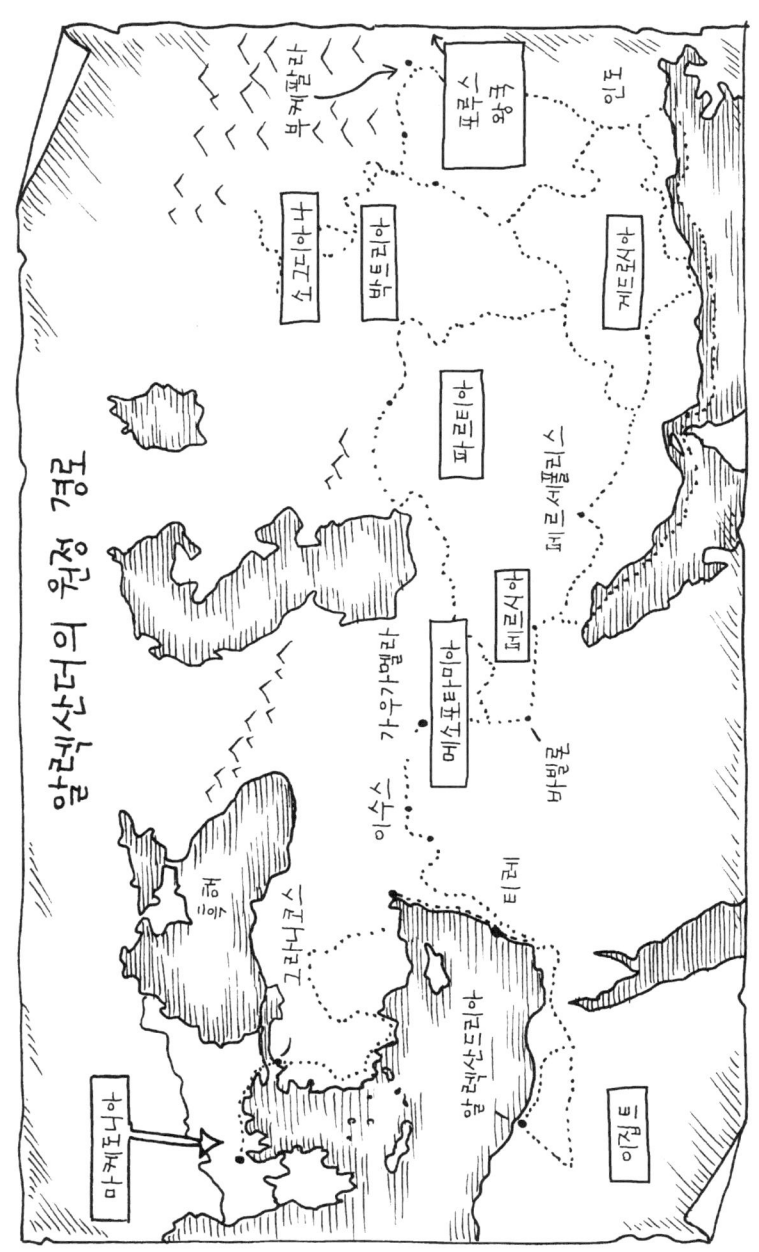

앗, 시리즈 (전 70권)

앗, 이렇게 재미있는 수학이!

어렵고 지루했던 수학이 순식간에 쉽고 즐거워집니다.
수학의 기초 원리에서부터 응용까지, 다양한 정보와
교양을 골라서 일목요연하게 정리해 줍니다.

01 수학이 모두 모여 수군수군
02 수학이 수리수리 마술이
03 수학이 수군수군
04 수학이 또 수군수군
05 수학이 자꾸 수군수군 1. 셈
06 수학이 자꾸 수군수군 2. 분수
07 수학이 자꾸 수군수군 3. 확률
08 수학이 자꾸 수군수군 4. 측정
09 대수와 방정맞은 방정식
10 도형이 도리도리
11 섬뜩섬뜩 삼각법
12 이상야릇 수의 세계
13 수학 공식이 꼬물꼬물
14 수학이 꿈틀꿈틀

앗, 시리즈 (전 70권)

앗, 이렇게 재미있는 과학이!

어렵고 지루했던 과학이 순식간에 쉽고 즐거워집니다.
복잡한 현대 과학의 기초 원리에서부터 응용까지
다루고 있으며, 다양한 정보와 교양을 골라서
일목요연하게 정리해 줍니다.

- 15 물리가 물렁물렁
- 16 화학이 화끈화끈
- 17 우주가 우왕좌왕
- 18 구석구석 인체 탐험
- 19 식물이 시끌시끌
- 20 벌레가 벌렁벌렁
- 21 동물이 뒹굴뒹굴
- 22 화산이 왈칵왈칵
- 23 소리가 슥삭슥삭
- 24 진화가 진짜진짜
- 25 꼬르륵 뱃속여행
- 26 두뇌가 뒤죽박죽
- 27 번들번들 빛나리
- 28 전기가 찌릿찌릿
- 29 과학자는 괴로워?
- 30 공룡이 용용 죽겠지
- 31 질병이 지끈지끈
- 32 지진이 우르쾅쾅
- 33 오싹오싹 무서운 독
- 34 에너지가 불끈불끈
- 35 태양계가 티격태격
- 36 튼튼탄탄 내 몸 관리
- 37 똑딱똑딱 시간 여행
- 38 미생물이 미끌미끌
- 39 의학이 으악으악
- 40 노발대발 야생동물
- 41 뜨끈뜨끈 지구 온난화
- 42 생각번뜩 아인슈타인
- 43 과학 천재 아이작 뉴턴
- 44 소름 돋는 과학 퀴즈

앗, 시리즈 (전 70권)

앗, 이렇게 재미있는 사회·역사가!

어렵고 지루했던 사회·역사가 순식간에 쉽고 즐거워집니다.
사회·역사와 담을 쌓았던 친구들에게 생생한 학습 의욕을
불어넣어 줄, 꼭 필요한 정보와 교양만을 골라서 일목요연하게
정리해 줍니다.

- 45 바다가 바글바글
- 46 강물이 꾸물꾸물
- 47 폭풍이 푸하푸하
- 48 사막이 바싹바싹
- 49 높은 산이 아찔아찔
- 50 호수가 넘실넘실
- 51 오들오들 남극북극
- 52 우글우글 열대우림
- 53 올록볼록 올림픽
- 54 와글와글 월드컵
- 55 파고 파헤치는 고고학
- 56 이왕이면 이집트
- 57 그럴싸한 그리스
- 58 모든 길은 로마로
- 59 아슬아슬 아스텍
- 60 잉카가 이크이크
- 61 들썩들썩 석기 시대
- 62 어두컴컴 중세 시대
- 63 쿵쿵쾅쾅 제1차 세계 대전
- 64 쾅쾅탕탕 제2차 세계 대전
- 65 야심만만 알렉산더
- 66 위풍당당 엘리자베스 1세
- 67 위엄가득 빅토리아 여왕
- 68 비밀의 왕 투탕카멘
- 69 최강 여왕 클레오파트라
- 70 만능 천재 레오나르도 다 빈치